前言

亲爱的家长朋友，你是否正在为孩子沉浸在手机的世界里而满心忧虑？手机如同一个魔法盒，深深吸引着孩子的目光。而孩子过度依赖手机也给家长带来诸多困扰，《让孩子放下手机》这本书，就是为了解决这个困扰万千家庭的问题而创作的。

在这里，我们一起面对这个难题，一起把孩子从手机的"世界"拉回到温暖有趣的家庭生活中。过度依赖手机对孩子的影响可不小呢！无论是身体上的小毛病，还是心理上的小困扰，甚至是学习上的小阻碍，都可能是过度玩手机惹的祸。

和孩子沟通就像搭一座心桥，我们要用爱和耐心做基石。蹲下来，听听孩子为什么那么喜欢手机，然后用温和的话语告诉他怎样才能健康地使用手机。家长要先做好榜样，要是我们自己都手机不离手，又怎么能要求孩子放下呢？家长可以和孩子一起制定手机使用的小规则，互相监督。

还有好多有趣的事儿能把孩子从手机旁吸引过来呢！一起读一本好玩的书，就像进入一个奇妙的世界；到户外去探险，大自然里藏着数不清的宝藏；一起做手工、演家庭小戏剧、在厨房做美食，这些有趣的活动会给孩子带来快乐的时光，让孩子发现，原来现实生活比手机好玩多啦！此外，我们要让手机成为孩子学习的小助手，点燃他们对学习的热情，让他们在学习中也能像玩游戏一样快乐。

希望这本书能像一位贴心的朋友，陪伴你和孩子度过这个小难关，让家庭生活重新充满欢笑和温馨。

屏幕时代,脱"瘾"而出

让孩子放下手机

林雅萍◎编著

黄河出版传媒集团
阳光出版社

图书在版编目（CIP）数据

让孩子放下手机 / 林雅萍编著. -- 银川：阳光出版社，2025.4. -- ISBN 978-7-5525-7791-4
Ⅰ.G78-49
中国国家版本馆CIP数据核字第2025R3P128号

让孩子放下手机　　　　　　　　　林雅萍　编著

责任编辑　贾　莉
封面设计　君阅书装
责任印制　岳建宁

黄河出版传媒集团
阳光出版社 出版发行

出 版 人　薛文斌
地　　址　宁夏银川市北京东路139号出版大厦（750001）
网　　址　http://ssp.yrpubm.com
网上书店　http://shop129132959.taobao.com
电子信箱　yangguangchubanshe@163.com
邮购电话　0951-5047283
经　　销　全国新华书店
印刷装订　三河市嵩川印刷有限公司
印刷委托书号　（宁）2500106

开　　本　710 mm×1000 mm　1/16
印　　张　13
字　　数　180千字
版　　次　2025年4月第1版
印　　次　2025年4月第1次印刷
书　　号　ISBN 978-7-5525-7791-4
定　　价　68.00元

版权所有　翻印必究

目录

第一章 屏幕小世界，探寻手机依赖的秘密

脱"瘾"而出，孩子手机上瘾的信号 / 002
小心！过度玩手机正在悄悄损害孩子健康 / 008
手机背后，孩子心理健康面临的风险 / 014
孩子总"黏"着手机？社会因素告诉你答案 / 020
教育视角下的手机迷恋：对孩子学业的影响 / 027

第二章 心灵小桥，搭建亲子信任的桥梁

打开心扉，用有效沟通赢得孩子信任 / 034
走进内心，倾听孩子离不开手机的原因 / 041
巧用沟通小技巧，帮助孩子树立正确手机观 / 047
鼓励而非批评，培养孩子良好手机使用习惯 / 053

第三章 榜样力量，爸爸妈妈如何做好榜样呢？

家长自检：我们的手机使用习惯是否合适？ / 060
制定个人手机使用规则，为孩子树立榜样 / 066
分享你的业余爱好，激发孩子兴趣 / 072
共同制定家庭手机规则，互相监督！ / 078

第四章 多彩时光，用创意活动点亮家庭生活

亲子共读：共同探索想象与专注的力量 / 086
户外大冒险：寻找大自然里的成长宝藏 / 092
创意手工坊：与孩子开动脑筋，动手创作 / 098
家庭戏剧社：全家上阵演出欢乐剧目 / 104
美食 DIY：在厨房中共享快乐亲子时光 / 110
参观博物馆：感受艺术与文化的熏陶 / 116

第五章 智慧小船，引领孩子爱上学习

点燃学习热情：将手机变为学习好帮手 / 124
适度管理：教会孩子自主管理和学习 / 130
游戏化学习：通过游戏减轻学习压力 / 136
游戏中的智者：在玩乐中提升创造力与智力 / 142

第六章 激活多元智能，从指尖到大脑的奇妙变身

用手机创作音乐、绘画或创编故事 / 148
教孩子识别网络风险，保护隐私 / 154
挣脱"手机枷锁"，开启科学探索之旅 / 160
重塑记忆力量：挣脱手机"枷锁" / 166

第七章 成长导航，健康人际关系与生活平衡

趣教孩子小妙招，轻松搞定人际"小摩擦" / 174
不沉迷虚拟世界，迈出家门拥抱多彩社交圈 / 179
理性消费不攀比，手机游戏充值要节制 / 185
应对压力，通过非电子方式放松心情 / 191
自我激励，设定目标并为之努力 / 197

第一章

屏幕小世界,探寻手机依赖的秘密

脱"瘾"而出，孩子手机上瘾的信号

 故事回顾：注意力被"小恶魔"抓走啦！

明明最近遇到了一个大麻烦——他的"超能力"（注意力）被"敌人"（手机）分散了。每当妈妈在厨房里忙活时，明明就会悄悄地拿起手机，开始探索他的新"世界"。有一次，全家一起去公园野餐，明明刚开始还在草地上奔跑嬉戏，但很快就被手机里的游戏吸引住了，忘记了大自然有多么精彩。

第一章
屏幕小世界,探寻手机依赖的秘密

📍 小朋友遇到了什么问题?

1. 注意力分散

明明的问题在于他对于手机游戏的兴趣逐渐超过了对现实世界的关注,他因为沉迷手机忽视了周围真实世界中的美好事物。这表明电子设备很容易吸引儿童的注意力,并可能导致他们错过生活中的重要经历。

2. 亲子互动减少

当明明专注于手机时,他与家人的交流减少,比如在野餐时无法积极参与到家庭活动中。这种情况可能会导致亲子关系变得疏远。

趣味心理测评:你家孩子"手机中毒"了吗?

想知道孩子是不是"手机上瘾"了,快来对照一下下面的信号表吧!

上瘾症状	具体表现	程度打分(1~10分)
总是忍不住想玩手机	写作业的时候、吃饭的时候,甚至上厕所的时候,都想玩手机。	
一旦离开手机就焦虑不安	如果手机不在身边,或者没电了,就会感到非常焦虑、烦躁,甚至发脾气。	
对其他事情失去兴趣	以前喜欢的运动、游戏、和朋友玩耍,现在都不感兴趣了,只想玩手机。	
经常熬夜玩手机,影响睡眠	晚上睡觉前也要玩手机,即使很困了也不愿意放下,导致睡眠不足。	

结果分析:

4~20分:说明孩子对手机有一定的依赖,但还处于较轻度的阶

段,稍微加以引导,培养更多有趣的线下活动,就能轻松调整状态。

21~30分:这种情况就需要引起重视了,孩子已经表现出较为明显的手机成瘾倾向,家长可以尝试和孩子协商,制定一些合理的手机使用规则。

31~40分:这意味着孩子很可能已经深陷"手机中毒"困境,建议寻求专业心理咨询师的帮助,配合家庭干预,逐步帮孩子找回健康的生活、学习节奏,摆脱过度的手机依赖。

 **问题分析站:手机上瘾的信号**

1. 沉浸自我世界

孩子在玩手机的时候,就像进入了一个神秘的世界,完全沉浸其中,仿佛世界上只剩下手机。这类孩子玩手机时会变得格外安静沉默,拒绝和任何人交流。不管周围有多大的声音,他们似乎都听不见。

2. 手舞足蹈

有些孩子在玩手机游戏时，会特别激动，手舞足蹈。如果游戏胜利了，会高兴得跳起来；要是输了，可能会皱起小眉头，嘴里还念念有词。

3. 缺乏时间观念

孩子玩手机时，可能会独自躲在角落，一坐便是一下午。在这个过程中，他们会忘记学习任务，而且缺乏时间管理的观念。

行动指南：家长如何变身孩子的"守护天使"

1. 设定时间限制

家长可以和孩子一起商量，设定每天玩手机的时间。比如，每天只能玩半个小时，时间一到，就必须放下手机。可以使用定时器或者手机上的闹钟功能，提醒孩子时间到了。

> **例如** 妈妈和孩子约定，每天晚上做完作业后可以玩20分钟手机。到了时间，定时器响起，孩子虽然有点不舍，但还是会乖乖地放下手机。

2. 提供替代活动

为了让孩子减少对手机的依赖，家长可以提供一些有趣的替代活动。比如，一起画画、做手工、玩游戏、阅读绘本等。

> **例如** 爸爸发现孩子最近总是玩手机，于是买了一套拼图，周末和孩子一起玩。孩子玩得很开心，渐渐地就忘记了手机的存在。

3. 以身作则

家长是孩子最好的榜样，如果家长自己整天拿着手机玩，那么孩子也会模仿。所以，家长要以身作则，尽量少在孩子面前玩手机。

> **例如** 妈妈决定在孩子面前少玩手机，多陪孩子做游戏、讲故事。孩子看到妈妈这样做，也慢慢减少了玩手机的时间。

欢乐亲子创意工坊

1. 创意挑战

在这个环节中,小朋友将接受一系列的任务。例如,利用身边可获取的材料(如废旧物品、积木、绘画工具等),创造出想象中的未来设备;用积木搭建一个巨大的"未来手机",并在其上设计各种独特的按钮和屏幕。激发孩子丰富的想象力。

2. 孩子手机使用日记

家长可以和孩子一起制作一个手机使用日记,记录每天使用手机的情况,包括时长、做了什么及个人感受。这不仅有助于孩子自我反省,还能让家长更好地了解孩子手机的用途,适时给予指导。

3. 科技探索课堂

家长可以举办一场关于手机的小讲座,向小朋友们揭示手机及其他智能设备的奥秘。孩子可以了解到这些设备是如何工作的,比如它们如何接入互联网,以及如何安全地使用这些设备。这样的活动不仅能增长科学知识,还能激发孩子对于科学和技术的好奇心。

小心！过度玩手机正在悄悄损害孩子健康

 故事回顾：健康小卫士遭遇"大危机"啦！

萌萌最近令爸爸妈妈特别担心，她就像被手机施了魔法一样。以前，萌萌总是活力满满地在院子里玩耍，眼睛亮晶晶的，像两颗闪耀的星星。可现在，她常常捧着手机，一玩就是好几个小时。有一次家庭聚会，大家都在高高兴兴地聊天，萌萌却窝在沙发角落里玩手机。没过多久，萌萌就喊眼睛疼，而且坐姿也变得歪歪扭扭。

第一章
屏幕小世界，探寻手机依赖的秘密

📍 小朋友遇到了什么问题？

1. 视力问题

萌萌长时间玩手机，眼睛长时间盯着屏幕，导致眼睛疲劳、疼痛。这是因为手机屏幕的光线对眼睛有刺激，长时间近距离看手机会使眼睛的睫状肌持续紧张，容易引起近视等视力问题。而且眼睛长时间处于这种状态，还可能出现干涩、红肿等不适症状。

2. 体态问题

萌萌玩手机时姿势不正确，趴在沙发上，这种不良体态持续下去会影响脊柱的正常发育。可能导致脊柱侧弯、驼背等问题，影响身体的平衡和美观，还会对身体的其他器官产生压迫，影响身体健康。

趣味健康测评：你家宝贝有这些健康隐患吗？

想知道过度玩手机会怎样损害孩子的健康吗？快来对照一下下面的信号表吧。

健康隐患症状	具体表现	程度打分（1~10分）
眼睛不适	看东西模糊、眼睛干涩、经常眨眼、频繁揉眼。	
体态异常	弯腰驼背、脊柱侧弯（可以通过观察孩子的站姿或坐姿判断）、颈部前倾。	
手部不适	手指关节疼痛、手腕疼痛（长时间操作手机可能导致腱鞘炎等问题）。	

结果分析：

3~10分：恭喜，你家孩子目前整体的健康隐患较小。只要日常稍微注意，基本就能维持良好的身体状态。可以把这次测评当作一次温馨提醒，继续督促孩子保持健康的生活习惯。

11~20分：孩子已经受到一定程度的过度玩手机影响，身体发出了较为明显的警示信号。家长要尽快行动起来，一方面制定严格的手机使用规则，另一方面带孩子去对应的专科门诊，向眼科、骨科、康复科简单咨询，听取专业人士的日常保健建议。

21~30分：这是非常危险的信号，说明过度玩手机给孩子身体带来了严重的不良影响，多个部位都出现较为严重的不适症状。家长要带着孩子去大型综合医院做全面检查，依据诊断结果开展系统治疗，后续更要全方位监督孩子的生活作息与玩手机时长，助力孩子身体机能逐步恢复。

问题分析站：损害健康的信号

1. 视力受损

孩子玩手机一段时间后，会出现看远处物体不清楚的情况，比如看电视时总是眯着眼睛。在看书写字时，也会不自觉地靠近书本。而且眼睛容易疲劳，经常抱怨眼睛难受。

2. 体态变形

有些孩子在玩手机时，会出现各种不良体态。坐着的时候可能会弯腰驼背，脊柱的正常生理曲线被破坏。站着的时候可能会身体倾斜，重心偏移，长期这样会对骨骼和肌肉造成不良影响。

3. 手部劳损

孩子频繁操作手机，手指不停地点击屏幕，手腕长时间保持一个姿势。一段时间后，可能会出现手指关节疼痛，尤其是在握拳或伸展手指时。手腕也可能会疼痛，转动手腕时不适感加重。

1. 控制用眼时间

家长要严格限制孩子玩手机的时间,根据年龄合理安排。比如,对于幼儿,每次玩手机不超过 15 分钟,每天累计不超过 30 分钟。可以使用一些护眼软件,提醒孩子休息,每玩一段时间,就让眼睛休息一下,看看远处或者闭目养神。

> **例如** 妈妈给孩子的手机安装了一个护眼软件,每玩 20 分钟,软件就会弹出休息提示,孩子就会放下手机,看看窗外的风景。

2. 纠正身体姿势

家长要时刻关注孩子玩手机时的姿势,让孩子保持正确的坐姿和站姿。可以给孩子准备合适的桌椅,桌椅的高度要与孩子的身高相匹配。同时,教导孩子玩手机时要保持眼睛与手机的距离,背部挺直。

> **例如** 爸爸给孩子调整了桌椅高度,还在旁边贴了一张正确坐姿的提示图。每次孩子玩手机时,爸爸都会提醒孩子按照提示调整姿势。

3. 增加手部活动和休息

鼓励孩子在玩手机的间隙多做一些手指和手腕的放松活动,比如握拳松开、旋转手腕等。也可以减少孩子连续玩手机的时间,分成几个小段,让手部有足够的休息时间。

> **例如** 妈妈和孩子约定,玩一会儿手机就做一次手部放松操,孩子的手部不适症状明显减轻了。

第一章
屏幕小世界，探寻手机依赖的秘密

欢乐亲子健康小课堂

1. 护眼行动大比拼

家长和孩子一起进行护眼小游戏。比如，准备一些视力卡片，家长和孩子轮流看卡片上的字母或图形，看谁看得又快又准。然后互相监督做眼保健操，比一比谁做得更标准。通过这种方式，让孩子更重视眼睛健康，同时也能增加亲子间的互动。

2. 体态矫正训练营

家长和孩子一起进行一些简单的体态训练活动。比如，一起练习靠墙站立，让后背、臀部、后脑勺都贴在墙上，保持一段时间，锻炼正确的站姿。还可以一起做一些简单的脊柱拉伸动作，缓解因不良姿势引起的肌肉紧张。

3. 手部放松手工

家长和孩子一起做一些手工，比如捏橡皮泥、折纸等。在这个过程中，让孩子感受手部的不同动作，同时也是对手部的一种放松。而且手工活动可以激发孩子的创造力和想象力，减少对手机的依赖。

手机背后，孩子心理健康面临的风险

 故事回顾：被手机"阴影"笼罩的心灵！

添添原本是个活泼开朗的孩子，可自从迷上了手机，就像变了一个人。有一次在家庭聚会上，亲戚们都在热热闹闹地聊天，添添却独自窝在沙发角落里玩手机。当哥哥想拉他一起玩游戏时，添添烦躁地甩开哥哥的手，眼睛一刻也没离开手机屏幕。

第一章
屏幕小世界，探寻手机依赖的秘密

📍 小朋友遇到了什么问题？

1. 社交隔离

添添对手机的沉迷让他拒绝与家人和朋友互动，这显示出手机可能导致孩子陷入了自我封闭的状态，逐渐与周围的社交环境脱离，长此以往可能会变得孤僻，失去与他人正常交往的能力。

2. 情绪波动

当哥哥打扰到他玩手机时，添添表现出烦躁不安，这种激烈的情绪反应表明，手机依赖可能使孩子的情绪变得不稳定，容易暴躁，对正常的人际交往产生抵触情绪。

趣味心理测评：你家孩子有这些心理"警报"吗？

快来看看孩子的小心灵有没有受到手机的不良影响。对照一下下面的信号表吧！

心理风险	具体表现	程度打分（1~10分）
变得孤僻不愿交流	以前喜欢和小伙伴玩耍，和家人聊天，现在总是躲开人群，只愿和手机相处。	
情绪容易激动	遇到一点儿小事就发脾气，比如被打断玩手机或者手机出现问题。	
出现焦虑症状	担心手机没电、没信号，或者没有足够的时间玩手机。	
产生自卑心理	觉得自己在虚拟世界中才受欢迎，在现实中缺乏自信。	

结果分析：

4~15分： 恭喜，目前手机对孩子的心理影响微乎其微。这说明孩子有着较为健康的生活习惯与心理调适能力，日常社交、情绪把控都没因手机受到干扰。家长可以继续维持现有的引导方式，适度让孩子接触手机。

16~25分： 手机已经开始给孩子带来一些心理波动了。孩子可能正处于被手机过度吸引的边缘，孤僻、情绪激动等问题初现端倪。家长要重视起来，给孩子制定清晰的手机使用规则，像是限定每天的使用时长、规定使用场景，转移孩子对手机的注意力，强化现实社交与家庭互动。

26~40分： 情况较为严峻，手机大概率已经对孩子的心理造成显著负面影响。家长须立刻行动，一方面严格管控手机，暂停孩子的娱乐性手机使用一段时间；另一方面，尽快带孩子寻求专业心理咨询师的帮助，辅助孩子重新找回自信，重建健康的心理状态；与此同时，在家营造浓厚的家庭氛围，组织家庭游戏、读书分享会，让孩子感受到现实世界的温暖与乐趣。

问题分析站： 手机对孩子心理健康的危害

1. 孤僻内向

这类孩子在沉迷手机后，会越来越不愿意与外界接触。这类孩子在社交场合中总是显得不自在，甚至害怕和别人交流。在学校里，可能会独自坐在座位上自己玩，不理会其他同学。

第一章
屏幕小世界，探寻手机依赖的秘密

2. 焦虑烦躁

手机仿佛成了孩子的"情绪开关"。一旦手机不在身边或者出现网络问题，他们就会变得极度焦虑。比如在乘坐地铁时，如果手机信号不好，他们就会坐立不安。

3. 自卑抑郁

有些孩子在过度依赖手机后，会在虚拟世界和现实世界的对比中产生自卑心理。他们觉得在网络上能获得更多的认可和关注，而在现实生活中自己却不那么受欢迎，进而可能陷入抑郁情绪。

：家长如何守护孩子的心理健康

1. 加强情感沟通

家长要多花时间和孩子交流，了解他内心的想法。每天可以抽出固定的时间和孩子谈心，询问他在学校的情况、和朋友相处的情况等，让孩子感受到家长的关心。

> **例如** 每天晚上睡觉前，爸爸都会和孩子聊一会儿天，鼓励孩子分享一天中的喜怒哀乐。

2. 引导正确价值观

帮助孩子树立正确的自我认知和价值观，让他明白虚拟世界和现实世界同样重要，并且每个人都有自己独特的价值，不能靠网络中的成就来衡量。

> **例如** 妈妈会和孩子一起讨论手机中的内容，引导孩子分辨虚拟和现实，告诉孩子在现实中他有很多闪光点。

3. 关注情绪变化

家长要时刻留意孩子的情绪变化,当发现孩子有焦虑、烦躁等不良情绪时,要及时给予安慰和引导,帮助他排解情绪。

> **例如** 当孩子因为手机问题发脾气后,妈妈要耐心地和孩子沟通,让孩子把心里的不满说出来,然后一起寻找解决办法。

欢乐亲子心理成长坊

1. 情绪表达乐园

家长和孩子一起制作情绪卡片,上面可以画不同的表情,代表不同的情绪,如开心、难过、生气、焦虑等。然后,轮流抽取卡片,并分享一次自己情绪卡片上的情绪的经历,通过这种方式,让孩子更好地理解和表达自己的情绪。

2. 优点大发现之旅

家长和孩子互相说出对方的优点,然后一起把这些优点写在纸条上,放进一个"优点盒子"里。每当孩子情绪低落或者对自己不自信时,就打开盒子看看,提醒自己有很多值得骄傲的地方,增强自信心。

3. 现实挑战擂台

家长可以设置一些有趣的现实挑战活动,如户外寻宝、家庭运动会等。让孩子在这些活动中体验到现实生活的乐趣和成就感,减少对手机虚拟世界的依赖,同时也锻炼了孩子的社交能力和团队协作能力。

孩子总"黏"着手机？
社会因素告诉你答案

 故事回顾：被手机"绑架"的小伙伴们

以前，朵朵最喜欢的就是社区中心的小花园，每天放学后，她都会和小伙伴们在花园里嬉笑打闹，分享学校里的趣事。然而，有一天，朵朵在邻居哥哥的手中看见一个神奇的"电子魔盒"。她凑过去看时，发现盒子里有各种各样有趣的动画、好玩的游戏。

从那以后，朵朵就像着了魔一样。在一次学校组织的公园写生活动中，小伙伴们都在公园里寻找最美的角度准备画画。可朵朵呢？她坐在公园的角落，手里捧着那个"电子魔盒"，眼睛一眨不眨地盯着屏幕，完全不参与小伙伴们的活动。

第一章
屏幕小世界，探寻手机依赖的秘密

📍 小朋友遇到了什么问题？

1. 丧失现实乐趣

朵朵原本从花园中获得的快乐被手机取代了。她不再享受和小伙伴聊天、欣赏美景的乐趣，这表明手机的吸引力可能会让孩子忘却曾经喜爱的现实活动，使他们的生活变得单调。

2. 社交互动中断

在写生活动中，朵朵和小伙伴们的交流变少了。她沉浸在手机世界里，忽略了身边的朋友，这会影响她与同伴的关系，阻碍正常社交能力的发展，使她逐渐脱离原本丰富多彩的社交圈子。

趣味心理测评：社会因素对宝贝手机依赖的影响

来看看这些社会因素对孩子玩手机有多大影响。快来测一测吧！

社会因素	具体表现	程度打分（1~10分）
受社交软件影响	经常使用社交软件和朋友交流，线下交流减少，更喜欢在手机上社交！	
受广告吸引	看到广告宣传的手机新奇功能或游戏后，马上被吸引，迫不及待去体验，甚至会主动搜索相关信息。	
受周围同龄人影响	周围小伙伴都玩手机，自己也跟着玩，以融入群体。	

结果分析：

3~10分：这说明孩子有着很强的自主意识，不会轻易被外界的社

交潮流、广告噱头，还有小伙伴的行为带着走。就算身边的人都沉迷手机，也能坚守自己的节奏。

11~20分：社会因素对孩子玩手机有一定的影响啦。孩子会偶尔被社交软件里好玩的事、新奇的广告，还有小伙伴玩手机的氛围吸引过去，不过好在孩子还能把控住度，没有完全被牵着鼻子走。要是想减少玩手机时间，只要稍微提醒下自己，就能慢慢调整过来。

21~30分：看起来社会因素对孩子玩手机的影响相当大呢！这时候，家长得有意识地给孩子设一些手机使用规则啦，多去发掘一些不依赖手机的趣味活动，慢慢降低外界因素对孩子的"魔力"。

**问题分析站**：当代儿童手机依赖的社会因素

1. 社交软件"陷阱"

受社交软件广泛使用的影响，孩子如同掉入陷阱一般。他们过于关注社交软件中的虚拟社交，时刻期待新消息，以至于在现实生活中与家

第一章
屏幕小世界，探寻手机依赖的秘密

人、朋友相处时也心不在焉。比如在家庭聚餐时，本应是温馨交流的时刻，孩子却埋头于手机，回复社交软件上的信息，破坏了良好的家庭氛围。

2. 广告"旋涡"

广告如同一个巨大的旋涡，把孩子卷进了手机的世界。那些诱人的广告内容，无论是有趣的游戏画面还是新奇的应用功能，都让孩子无法抗拒。一旦陷入，他们就会不断地在手机中探索广告所宣传的内容，耗费大量时间和精力，对其他活动不管不顾。

3. 从众"迷雾"

周围小伙伴的行为对孩子有着很大的影响，形成了一种从众的"迷雾"。当看到大家都在玩手机的时候，孩子为了融入群体，不被孤立，也会跟着玩。在这种心理作用下，孩子会逐渐增加手机使用时间，甚至可能原本对手机并没有太大兴趣，也会被群体行为所带动。

 **行动指南**：家长如何驱散社会因素带来的手机依赖"阴霾"

1. 重塑社交价值

家长要引导孩子认识到现实社交的珍贵。可以组织一些有趣的家庭社交活动，如家庭角色扮演游戏、家庭故事分享会等。同时，和孩子一起制定在特定场合使用社交软件的规则，比如吃饭、家庭聚会时手机要放在一边。

> **例如** 妈妈每周组织一次家庭故事分享会，大家轮流讲有趣的故事，在这个过程中，孩子感受到了家庭交流的快乐，减少了对社交软件的依赖。

2. 打破广告"迷障"

帮助孩子分析广告背后的目的，让他们明白广告是为了吸引他们消费或使用产品，而不是真实的体验描述。可以和孩子一起玩"广告真假辨别"游戏，提高孩子对广告的警惕性。

> **例如** 爸爸和孩子一起看手机广告，然后让孩子分析广告中的哪些内容可能是夸大的，哪些是真实的，经过多次练习，孩子就能增强

第一章
屏幕小世界，探寻手机依赖的秘密

对广告的抵抗力。

3. 吹散从众"乌云"

培养孩子独立思考和自信的品质。和孩子讨论为什么不要盲目跟随别人玩手机，鼓励他坚持自己的兴趣爱好。可以为孩子提供更多有趣的活动选择，如手工制作、户外运动等。

> **例如** 妈妈发现孩子因为从众玩手机后，为孩子报名参加了一个手工制作班，孩子在手工制作中找到了乐趣，不再盲目跟随小伙伴玩手机。

4. 营造反"屏霸"社群

联合身边亲朋好友，打造一个抵制过度使用手机的社群氛围。家长可以定期组织无手机亲子户外营、邻里交换书籍阅读会等活动，让孩子融入没有手机也乐趣无穷的社交圈子。孩子身处其中，看到同龄人都积极投入现实互动、探索新奇知识，会自然而然地受到感染，改变自身行为。

> **例如** 小区几位家长牵头，每月举办一次"科技小发明聚会"，孩子们带着自制小发明进行分享交流。大家都忙着展示创意、切磋技巧，把手机抛到了九霄云外。

欢乐亲子创意工坊

1. 广告创意反转

让孩子选择一个熟悉的手机广告，然后重新设计这个广告，将广告中的夸张成分改成真实且有意义的内容。通过这个活动，孩子能更

深入地理解广告，同时也能发挥创意。

2. 个性展示派对

举办一个小型派对，鼓励孩子展示自己独特的兴趣爱好。每个孩子都有机会在派对上介绍自己喜欢做的事情，比如展示自己的绘画作品、讲述自己读书的心得等。这样可以让孩子明白每个人都有自己的个性，不需要为了融入群体而盲目从众玩手机。

3. 独立思考辩论赛

针对"大家都玩手机，我要不要玩"这个话题，组织一场小型辩论赛。让孩子表达自己的观点，通过辩论培养他独立思考和分析问题的能力，不被从众心理所影响。

教育视角下的手机迷恋：
对孩子学业的影响

 故事回顾：学习"小战士"被打败啦！

小辉是个聪明的孩子，以前学习成绩总是名列前茅。可最近，他像是被一个无形的"怪兽"（手机）缠上了。写作业的时候，他总是忍不住偷偷拿出手机玩一会儿，心思完全没在作业上。以前只用一个小时就能完成的作业，现在要拖到很晚。有一次考试，小辉因为前一晚玩手机到很晚，第二天考试的时候困得不行，好多本来会做的题都做错了。

小朋友遇到了什么问题？

1. 学习成绩下滑

小辉对手机的迷恋导致他写作业时分心，无法高效完成作业，难以及时巩固知识。而且因为玩手机熬夜，第二天精神状态差，在考试等重要学习场景中表现不佳，从而使学习成绩受到影响。这表明过度使用手机会扰乱孩子正常的学习进程，打破他们的学习节奏。

2. 注意力不集中

在学习过程中，小辉总是想着手机，注意力不断被手机吸引，无法集中精力学习。这种注意力不集中的情况会让孩子错过重点，理解知识不深入，长期下去会严重影响学习效果。

趣味心理测评：你家宝贝被手机影响学业了吗？

想知道手机有没有影响孩子的学业，快来对照一下下面的信号表吧！

学习受手机影响症状	具体表现	程度打分（1~10分）
写作业时频繁看手机	每隔几分钟就想看看有没有新消息或者玩一会儿游戏，写作业效率低下。	
因玩手机导致作业未完成	经常因为玩手机，作业不能按时完成，第二天被老师批评。	
学习时满脑子是手机内容	上课或者复习的时候，脑海里总是浮现手机游戏、视频的画面，无法集中精力。	
因为玩手机睡眠不足影响学习	晚上玩手机到很晚，第二天上课打瞌睡，老师讲的内容听不懂。	

第一章
屏幕小世界，探寻手机依赖的秘密

结果分析：

4~15分： 说明手机目前对孩子学业的影响较小。孩子写作业时能够较好地自控，较少因手机而出现作业拖沓、未完成的状况，学习时也能保持专注，基本未受手机内容干扰，作息也未因玩手机被打乱，整体学习状态较为稳定。

16~25分： 意味着手机已对学业产生了一定干扰。孩子写作业时会不时分心去看手机，偶尔还会因玩手机没完成作业，学习时脑海常闪过手机相关画面，导致专注力打折，夜间玩手机偶尔也会造成第二天精神不佳，需要适当引导孩子控制手机使用时长和使用场景。

26~40分： 表明手机严重影响了孩子学业。写作业频繁被手机打断，作业经常完不成，学习时满脑子都是手机娱乐内容，难以投入，同时夜晚沉迷手机造成长期睡眠不足，极大地破坏学习状态，家长必须立刻介入，纠正孩子过度使用手机的习惯，助力孩子回归正轨。

问题分析站： 手机对学业影响的信号

1. 作业拖延

孩子一旦迷上手机，在写作业时就会不断被手机诱惑。他们会找各种

借口拿起手机，比如查资料，结果却玩起了其他应用。原本很快能完成的作业，拖拖拉拉，经常要花费很长时间，而且作业完成的质量也不高。

2. 课堂走神

在课堂上，那些沉迷手机的孩子很难集中注意力。他们的思绪还停留在手机里的精彩内容上，老师讲的知识像耳边风一样。即使努力听讲，也会不自觉地发呆，脑海里会不自觉地浮现出手机画面，导致知识漏洞越来越多。

3. 知识遗忘

孩子玩手机导致睡眠不足和注意力不集中，对所学知识的记忆效果大打折扣。学过的内容很快就遗忘，复习时需要花费更多的时间重新学习，严重影响学习进度。

行动指南：家长如何帮助孩子摆脱手机对学业的影响

1. 建立学习优先规则

家长要和孩子明确学习是首要任务。在孩子的学习时间，手机要放在远离学习区域的地方，比如可以放在另一个房间。只有完成学习任务，并且经过家长检查后，才可以适当使用手机。

> **例如** 妈妈和小辉约定，放学回家后先完成作业、复习当天学习的内容，然后可以玩20分钟手机。在学习期间，手机放在客厅的柜子上。

2. 培养学习专注力

家长可以通过一些训练帮助孩子提高专注力。和孩子一起玩一些注意力训练游戏，像舒尔特方格训练等。同时，在孩子学习时，为孩子创造安静、简洁的学习环境，减少干扰。

> **例如** 爸爸每天晚上会和小辉玩10分钟的舒尔特方格游戏，提高小辉的注意力。在小辉学习时，会把书房整理干净，只放学习用品。

3. 加强学习监督与激励

家长要定期检查孩子的作业完成情况和学习进度，及时发现问题并给予帮助。当孩子在学习上有进步时，给予适当的奖励，比如满足孩子一个小愿望，激励孩子持续努力学习。

> **例如** 小辉这次考试成绩有提高，妈妈就奖励了他一本他一直想要的漫画书，小辉学习的积极性更高了。

1. 知识大比拼

家长可以和孩子一起准备一些和学习内容相关的问题卡片，比如数学公式、语文诗词等。然后通过抽签或者抢答的方式进行比赛，答对的一方可以获得小奖品。这样可以激发孩子学习的兴趣，同时巩固知识。

2. 学习计划小管家

家长和孩子一起制订每周的学习计划，把学习任务、复习时间、预习时间等都详细规划出来。可以用彩色的笔和贴纸装饰学习计划本，让它变得有趣。然后在一周内按照计划执行，看看完成情况如何，培养孩子的学习规划能力。

3. 错题大改造

把孩子之前做错的题目整理出来，家长和孩子一起分析错误原因。然后让孩子用画画或者讲故事的方式把错题改编成有趣的内容，加深对知识点的理解，同时让学习变得更有乐趣。

第二章

心灵小桥，搭建亲子信任的桥梁

打开心扉，用有效沟通赢得孩子信任

 故事回顾：信任的桥梁坍塌啦！

小米最近和爸爸妈妈的关系变得有些紧张，问题就出在她的手机使用上。每次爸爸妈妈看到小米拿着手机，就会立刻严厉地斥责她，命令她放下手机去学习。有一次，小米正在用手机查阅学习资料，爸爸却不由分说地抢走手机，还责备她又偷偷玩手机。小米委屈极了，心里对爸爸妈妈充满了不满。从那以后，她总是背着父母玩手机，只要父母一靠近，就迅速把手机藏起来，亲子之间仿佛隔了一堵厚厚的墙。

第二章
心灵小桥，搭建亲子信任的桥梁

📍 小朋友和家长遇到了什么问题？

1. 信任破裂

家长在没有了解真相的情况下，就对孩子使用手机的行为进行指责，破坏了亲子之间的信任。这种以权威姿态强行干涉的方式，让孩子觉得自己不被尊重，进而产生抵触情绪，导致孩子更叛逆地使用手机，亲子关系愈发紧张。

2. 沟通障碍

由于家长没有以平等、尊重的态度对待孩子，孩子不愿意再和家长分享自己使用手机的真实目的，双方的沟通渠道受阻，家长无法真正了解孩子对于手机的看法和需求。

趣味心理测评：手机使用与亲子信任关系大揭秘

您和孩子在手机相关问题上的沟通是否存在信任？快来通过下面的测评表一探究竟吧！

沟通问题表现	具体行为	程度打分（1~10分）
经常打断孩子说话	孩子在讲述手机的相关事情时，不等孩子说完就发表自己的看法。	
不重视孩子的想法	当孩子提出关于手机使用的建议，如规定使用时间等，直接忽视。	
态度强硬	在和孩子讨论手机问题时，总是用"必须""不准"等强硬词汇。	
不关注孩子的情绪	孩子因手机被没收而难过生气时，家长不予理会。	

结果分析:

4~15分: 说明家长在手机相关沟通中,较少出现破坏信任的行为。家长大概率能耐心听完孩子对手机事宜的分享,认真考量孩子给出的使用建议。孩子能感受到被尊重,会觉得自己在家庭是有话语权的一分子,所以亲子间信任纽带紧密,孩子更愿意主动跟家长袒露自己在手机使用中的趣事、困惑。

16~25分: 意味着在手机话题沟通时,家长的部分做法已经让孩子心里有了疙瘩。也许偶尔的强硬态度,让孩子觉得家长专制,不重视自己;又或是几次忽略孩子想法、情绪,让孩子不再毫无保留地信任家长。家长要有意识地作出改变,下一次孩子说起手机事,即便不同意,也先听完,再温和地表达看法。

26~40分: 说明亲子间围绕手机的沟通堪称"灾难现场"。家长频繁打断、强硬命令、漠视孩子的一切,彻底把孩子的心门关上。长此以往,还可能引发孩子的心理逆反,越不让做什么,偏要对着干。家长必须来一场彻头彻尾的沟通方式大变革,先郑重地向孩子道歉,再约法三章,以后凡是和手机有关的,都让孩子先说,自己只倾听、提问,绝不贸然打断和批判,慢慢重建信任根基。

 **问题分析站:** 手机问题引发的亲子信任危机

1. 单向命令

不少家长在和孩子谈及手机使用问题时,完全是单方面的命令式沟通,丝毫不考虑孩子的想法和感受。例如,只是简单地对孩子说"不许再玩手机",既不解释缘由,也不听孩子的解释。这种沟通模式会让孩子觉

得自己毫无话语权，进而产生心理逆反，对家长的话充耳不闻，严重损害亲子间的信任。

2. 忽视情感

部分家长在和孩子交流手机相关问题时，只盯着行为本身，忽略了孩子的情感变化。当孩子因为手机被限制而难过时，家长没有给予应有的安慰和理解，这会使孩子的内心受到伤害，从而逐渐关闭与家长沟通的大门，使亲子间的信任逐渐瓦解。

3. 缺乏耐心

有些家长在和孩子讨论手机话题时缺乏耐心。要是孩子不能马上理解家长的意思或者提出不同看法，家长就会不耐烦，导致沟通无法深入，长此以往，孩子便不再愿意和家长交流手机相关问题，亲子间的信任也会大打折扣。

 **行动指南**：借助手机话题重建亲子信任"桥梁"

1. 建立平等关系

家长要将孩子视为平等的个体，尊重他们在手机使用问题上的意见和想法。比如在制定手机使用规则时，与孩子共同商讨，听取孩子的建议，一起制定一个双方都能接受的方案。

> **例如** 孩子提出每天完成作业后可以玩 30 分钟手机，家长可结合实际情况和孩子协商，最终达成一致。这能让孩子感受到被尊重和信任，增强亲子间的信任。

2. 选择合适的沟通环境和时机

挑选一个安静、舒适且无干扰的环境与孩子沟通手机问题，避免在孩子正专注于手机或者情绪不佳的时候强行开启谈话。可以利用饭后散步、一起乘车等轻松时刻，自然地引入手机话题，这样孩子更容易接受，也有利于建立信任。

> **例如** 在散步时，家长可以问孩子："宝贝，你觉得手机有什么好玩的呀？"然后和孩子展开讨论。

3. 积极倾听与反馈

当孩子谈论手机相关的事情时，家长要认真倾听，保持眼神交流，通过点头、微笑等方式回应，让孩子体会到被关注。听完后，用温和的语气表达自己的理解，再分享自己的观点。

> **例如** 孩子说："我喜欢在手机上看科普视频，能学到好多知识呢。"家长可以回应："原来是这样啊，看来手机对你的学习也有帮助呢。不过长时间看手机可能会伤眼睛，我们可以想办法平衡一下。"这种积极的沟通方式能让孩子感受到家长的关心和信任，修复和巩固亲子间的信任关系。

4. 给予隐私空间

在关注孩子手机使用情况时，也要明确划出隐私界限。告知孩子，每个人都有不想被他人随意翻看的"小角落"，只要他没有违反既定的手机使用规则，家长不会私自查看他的聊天记录、相册等隐私内容。这份尊重能让孩子内心安全感爆棚，觉得家长是真正值得信赖的，亲子信任自然而然得以巩固。

> **例如** 有一天，孩子正在房间里拿着手机和同学聊天，家长突然推门而入，孩子匆忙把手机屏幕扣下，神情略显紧张。这时，家长就可以温和地说："宝贝，我就是来给你送点儿水果，我知道你长大了，有自己的小秘密，只要你遵守咱们说好的，每天睡前把手机放客厅充电，平时玩手机不超时，我不会偷看你手机里的东西，那里面都是属于你的小天地。"这样一来一往，在尊重隐私的点滴细节中，亲子之间的信任愈发深厚。

1. "手机信任盲盒"挑战

准备一个盒子,里面放上写有不同手机使用情境的纸条,比如"你发现孩子用手机查学习资料但超时了""孩子玩手机游戏获得了新成就很兴奋想分享"等。家长和孩子轮流抽取纸条,然后根据纸条内容,表演自己希望对方如何与自己沟通。表演结束后,双方讨论这种沟通方式为什么能建立信任,以及如果处理不当可能会破坏信任。

2. "手机信任拼图"大赛

准备一幅与亲子和手机相关的拼图,比如画面是一家人在讨论手机使用规则的温馨场景。家长和孩子一起合作拼图,在拼图过程中,每拼上一块,就分享一个自己在手机使用或沟通上的小秘密或者难忘经历。共同完成拼图,象征着共同建立信任,分享的内容能够促进彼此的理解。

3. "手机信任热线"模拟

设定一个模拟的"手机信任热线"场景,家长和孩子分别扮演热线"接线员"和"求助者"。"求助者"要描述一个和手机使用相关的困扰,比如"我很喜欢玩手机社交软件,但爸爸妈妈觉得会影响学习","接线员"要通过良好的沟通方式,如倾听、安慰、提出合理建议等来解决"求助者"的问题。完成一次模拟后,双方互换角色,结束后讨论在这个过程中感受到的信任建立的要点。

走进内心，倾听孩子离不开手机的原因

 故事回顾：被打断的倾诉

小宇是个三年级的孩子，他特别喜欢玩手机。有一天，他兴高采烈地拿着手机跑到正在看电视的爸爸面前，想和爸爸分享他在手机游戏里的趣事。他刚开口说："爸爸，我今天在游戏里……"爸爸就不耐烦地打断他："又玩游戏，玩游戏有什么好的，就知道玩手机，快去写作业。"小宇委屈地低下了头，原本的兴奋劲儿一下子消失得无影无踪。

📍 从这个场景可以看出家长有什么问题呢？

1. 沟通受阻

爸爸没有给小宇表达的机会，直接打断了他。这使得孩子想要分享的

欲望被抑制，长此以往，孩子可能就不愿意再和家长交流关于手机的事情了。这会导致家长更难了解孩子依赖手机的原因。

2.情感伤害

小宇本来是怀着兴奋的心情想和爸爸分享快乐，却被爸爸严厉地斥责，这会让孩子感到委屈和不被理解。这种负面情绪可能会让孩子更加依赖手机，因为在手机里他能获得在家长这里缺失的认同感。

趣味心理测评：宝贝为何"钟情"手机？

快来测一测孩子对手机依赖的原因吧，以下这些情况你的孩子有吗？

依赖原因类型	具体描述	程度打分（1~10分）
社交认同依赖	孩子是否觉得在手机上和朋友交流、玩社交游戏获得的表扬和认可，比在现实生活中多很多？	
情感慰藉依赖	当孩子心情不好、孤独或者有压力的时候，是不是第一时间就想玩手机来缓解？	
娱乐刺激依赖	和其他活动相比，比如户外运动、阅读等，手机上的游戏、视频等娱乐内容是不是更能让孩子感到兴奋和有趣？	
学习助力依赖	如果没有手机来帮助孩子学习，比如查阅资料、完成线上作业，孩子是否会觉得学习变得困难重重，甚至不想学习？	
知识探索依赖	孩子经常使用手机搜索各种知识，如天文、地理、历史等，是因为对这些内容的好奇，手机是孩子主要的探索工具吗？	

第二章
心灵小桥，搭建亲子信任的桥梁

续表

依赖原因类型	具体描述	程度打分（1~10分）
习惯养成依赖	孩子是否已经养成了每天频繁使用手机的习惯，比如每隔一会儿就要看看手机，即使没有明确的目的？	

结果分析：

6~20分：恭喜，孩子对手机依赖程度较低。这说明孩子在现实社交、情绪调节、娱乐、学习等各方面，都有着丰富多样的应对方式，没有过度依赖手机这个"电子伙伴"，家长只需偶尔提醒，维持孩子这份健康的手机使用习惯即可。

21~40分：孩子对手机存在一定程度的依赖，无论是社交、情绪舒缓，还是学习求知，手机都分担了不少"职责"。家长需要适时介入，比如规划手机使用时间、拓展孩子线下兴趣活动，帮助孩子逐步降低对手机的黏性，找回生活的多元乐趣。

41~60分：情况不容乐观，手机大概率成为孩子生活的核心支柱。家长必须尽快行动起来，一方面要和孩子深入沟通，了解他们深层次的心理诉求；另一方面，要用丰富有趣的线下活动、亲子陪伴，系统性替代手机带来的各项"功能"，引导孩子慢慢摆脱过度的手机依赖。

问题分析站：深入剖析孩子手机依赖心理

1. 渴望认同

这类孩子在现实生活中可能经常得不到父母或周围人的认可，但在手机的世界里，能从游戏胜利、朋友点赞等方式中获得认同。比如在社交游戏中，他们每完成一个任务或者取得一个成就，小伙伴们就会发来祝贺，

这让他们感觉自己是有价值的。

哈哈，他们都夸我厉害呢！

2. 逃避压力

当孩子在学习或生活中面临压力，比如考试成绩不好、和同学有矛盾时，他可能会选择躲进手机世界。手机里的娱乐内容能让他暂时忘记烦恼。例如，孩子在学校被老师批评后，回家就一直玩手机游戏，不想去面对自己的情绪。

先不想这些烦心事了，玩会儿游戏。

3. 自主探索

有些孩子对手机有着强烈的好奇心，他们把手机当作探索世界的工具。无论是通过手机学习新知识，还是发现新的娱乐方式，都乐在其中。比如有的孩子喜欢在手机上搜索宇宙科普知识，或者尝试新的创意游戏。

第二章
心灵小桥，搭建亲子信任的桥梁

行动指南：家长如何成为知心"引路人"

1. 满足心理需求

家长要关注孩子从手机中获得的需求，然后在现实生活中提供相应的替代方式。如果孩子是为了获取知识，就多给孩子买一些有趣的科普书籍；如果是为了娱乐，可以陪孩子玩一些好玩的家庭游戏。

> **例如** 妈妈发现孩子喜欢在手机上看科普动画，于是买了一套《万物简史》儿童版图书，和孩子一起阅读，孩子觉得很有趣，减少了对手机的依赖。

2. 耐心倾听孩子的内心

和孩子保持良好的沟通，让孩子愿意和家长分享生活中的喜怒哀乐。在孩子倾诉的过程中，家长要保持耐心，不要急于打断孩子或者评判他的观点。哪怕孩子说的一些内容家长觉得不合理，也要先听完。

> **例如** 孩子说喜欢玩游戏是因为在游戏里能当老大，家长不要立刻反驳说游戏都是虚拟的没意义，而是要继续引导孩子说出更多想法，

如"当老大一定感觉很棒吧？你是怎么当老大的呢？"这样能让孩子感受到家长的尊重，更愿意和家长深入交流自己依赖手机的真正原因。

3. 引导孩子正确使用手机

教孩子正确使用手机的方法，让他明白手机是工具，不是生活的全部。可以和孩子一起制定手机使用规则，同时培养孩子的自律能力。

例如 家长和孩子约定，只有在完成作业后，可以用手机查阅学习资料30分钟，并且要记录下查询的内容。时间一到，孩子就能自觉放下手机。

1. 情绪分享会

定期举办家庭情绪分享会，每个家庭成员都要分享自己一周内的情绪变化和原因。这可以让孩子感受到家庭的温暖和理解，同时也让家长更好地了解孩子的内心世界，帮助孩子正确处理情绪，减少对手机的情感依赖。

2. 家庭知识竞赛

以孩子感兴趣的知识领域为主题，举办家庭知识竞赛。可以利用手机查找资料，但主要是通过讨论和回忆来回答问题。这样既能满足孩子对知识的探索欲望，又能增加家庭乐趣，减少孩子对手机娱乐功能的依赖。

巧用沟通小技巧，帮助孩子树立正确手机观

  故事回顾：沟通受阻的苦恼

天天是个活泼的孩子，但最近他总是抱着手机不放，这可急坏了爸爸妈妈。爸爸妈妈尝试和天天沟通，可总是不顺利。有一次，妈妈对天天说："天天，你玩手机时间太长了，眼睛会坏的。"天天却顶嘴道："我就玩，我的眼睛又不疼。"然后继续沉浸在手机游戏中。

📍 这反映出亲子在对手机问题的沟通中存在什么问题?

1. 无效劝说

家长只是单纯强调玩手机的危害,没有从孩子的角度出发,这种劝说方式无法引起孩子的重视,孩子不能理解家长话语的重要性。

2. 引发对抗

这种简单直接的沟通容易让孩子产生心理逆反,使孩子与家长形成对抗局面,不利于问题的解决。

趣味心理测评:你的沟通能"击中"孩子的心吗?

你和孩子的沟通畅通无阻吗?家长快来看看自己在和孩子沟通手机问题时的效果吧!

沟通状况	具体表现	程度打分(1~10分)
孩子忽视沟通内容	孩子在家长说话时,看似在听,但依旧玩自己的,行为没有改变。	
引发孩子对沟通的反感	沟通后孩子对家长更加抵触,情绪更差,玩手机更频繁。	
孩子不理解家长意图	孩子不能明白家长为什么要限制自己玩手机。	

结果分析:

3~10分:说明与孩子在手机问题上的沟通较为理想。孩子既没有忽视家长说话,也没有产生反感情绪,还能理解家长限制玩手机的意图,亲子间沟通渠道顺畅,家长传递的信息能被孩子接收与消化。

11~20分:反映出沟通存在一定问题。孩子可能偶尔忽视沟通内

第二章
心灵小桥，搭建亲子信任的桥梁

容，或是轻微抵触家长，又或是对家长的意图半知半解。这意味着家长的沟通方式或许缺乏吸引力、说服力，没能精准触达孩子内心，需要适度调整沟通策略，来提升沟通成效。

21~30分：情况不容乐观，表明亲子间关于手机问题的沟通严重受阻。孩子常常无视家长的话，抵触情绪高涨，难以理解家长的出发点。长此以往，亲子关系易紧张，家长急需全面反思，革新沟通方式，重建与孩子的交流桥梁。

问题分析站：亲子沟通障碍的根源

1. 只谈危害

家长在沟通中往往只围绕玩手机对身体、学习的危害展开，比如近视、成绩下降等。但孩子没有切身体会，觉得这些危害离自己很远，所以不以为意。

2. 指责批评

家长用指责批评的语气和孩子说话，如"你就知道玩手机，都不学习了"。这种方式会伤害孩子的自尊心，让孩子产生自我保护意识，拒绝接

受家长的意见。

3. 缺乏共同目标

家长没有和孩子建立共同的目标,孩子不明白为什么要控制手机使用的时间,家长也没有让孩子看到控制手机使用的时间对自己有什么好处。

行动指南:翻开有效沟通技巧的秘籍

1. 从兴趣入手

先了解孩子喜欢手机里的什么内容,是某个游戏、某个动漫还是某个社交软件。从孩子的兴趣点切入，和孩子聊他喜欢的东西。如果孩子喜欢某个游戏，可以说"我听说你玩的那个游戏很有趣呢，你能和我说说你最喜欢里面哪个角色吗？"这样能拉近和孩子的距离，让孩子愿意和你交流。

> **例如** 爸爸发现儿子喜欢手机上的一款冒险游戏，就和儿子聊游戏里的冒险情节，儿子很兴奋地和爸爸分享。之后爸爸再谈手机使用问题，儿子就容易接受了。

2. 正面引导

多和孩子说适度玩手机的好处，比如可以放松身心、获取知识等，同时强调过度玩手机的问题。例如"玩手机可以让你在学习累了的时候放松一下，但如果玩太久，就会影响你的休息和学习啦"，让孩子明白不是不能玩手机，而是要合理使用手机。

> **例如** 妈妈对女儿说："你用手机看那些有趣的科普小视频可以学到新知识，不过要是一直看，眼睛会累，我们可以看一会儿，休息一下，再接着看其他有趣的内容。"女儿觉得妈妈说得有道理。

3. 共同制定规则

和孩子一起商量手机使用的规则，比如每天玩多久、完成什么任务后可以玩。在制定过程中，充分听取孩子的意见。可以问孩子"你觉得每天玩多久手机比较合适呢？"然后根据实际情况调整。

> **例如** 家长和孩子一起讨论后决定，每天做完作业、复习完功课可以玩30分钟手机，而且如果表现好，周末可以适当延长一点儿时间。孩子因为参与了规则制定，更愿意遵守规则。

1. 手机使用"奖励计划"设计

家长和孩子一起设计一个手机使用奖励计划。例如,如果孩子一周内每天都能按照约定使用手机,就可以在周末获得额外的奖励,如看一场喜欢的电影、去公园玩一次等。在设计过程中,沟通如何获得奖励以及奖励的形式。

2. 手机优点、缺点大讨论

组织一次家庭讨论,孩子和家长一起讨论手机的优点和缺点。鼓励孩子积极发言,家长可以在孩子发言的基础上,引导孩子更全面地看待手机,从而树立正确的手机观。

3. 手机时间管理卡片制作

家长和孩子一起制作手机时间管理卡片,在卡片上写上每天可以玩手机的时间段和时长。制作过程中,再次强调合理使用手机的重要性,让孩子对手机使用时间有更清晰的认知。

鼓励而非批评，培养孩子良好手机使用习惯

 故事回顾：鼓励是神奇的"魔法棒"！

佳佳最近对手机有些着迷，总是抱着手机玩游戏。妈妈一开始很着急，经常批评她："你怎么又玩手机，一点都不自觉！"结果佳佳不仅没减少玩手机的时间，反而有些不开心，甚至故意在妈妈面前玩得更久，亲子关系也变得紧张起来。

后来，妈妈改变了策略，她尝试用鼓励的方式。有一次，佳佳在规定时间内主动放下手机去画画，妈妈马上夸奖她，佳佳听了特别高兴，之后都能自觉遵守约定的时间玩手机了。

📍 小朋友遇到了什么问题？

1. 心理逆反

当家长采用批评的方式时，孩子容易产生心理逆反。就像佳佳一样，批评不仅没有让她减少玩手机的时间，反而让她对抗家长的要求。这种心理逆反会使亲子关系变得紧张，也不利于孩子养成良好的习惯。

2. 自尊心受挫

频繁的批评可能会伤害孩子的自尊心，让他们觉得自己在家长眼中是个"坏孩子"。这会影响孩子的自信心，对手机的使用问题，孩子可能会更加放纵。

趣味心理测评：鼓励式教育你了解多少？

想知道自己的教育方式是不是鼓励式的，快来对照一下下面的内容吧！

教育方式	具体表现	程度打分（1~10分）
经常表扬孩子的积极行为	当孩子遵守手机使用时间或者主动放下手机时，会及时给予表扬。	
注重孩子的努力和进步	即使孩子在控制手机使用上还有不足，但看到他的努力，会给予肯定。	
用积极的语言引导	比如"你今天玩手机的时间比昨天少了呢，真不错"，而不是"你怎么又玩手机了"。	

结果分析：

3~10分：说明您可能平时较少表扬孩子，对孩子努力的关注不

第二章
心灵小桥，搭建亲子信任的桥梁

足，批评时也习惯用负面话语，因此孩子的积极性易受挫，亲子关系或许也有些紧张，亟待学习鼓励式教育的技巧与理念，开启教育方式的转变。

11~20分：这个分数意味着您有时会践行鼓励式教育，但还不够稳定。也许偶尔能捕捉到孩子放下手机这类积极瞬间并表扬，可其他时候容易忽略；又或是心里认可孩子努力，却没能每次都口头肯定。亲子交流偶尔还会陷入消极模式，后续需更留意教育方式的调整优化，提升鼓励频次与质量。

21~30分：说明您基本掌握了鼓励式教育的精髓。日常对孩子积极行为敏感，能迅速表扬，传递给孩子正向反馈；看重努力与进步，不单纯以结果论成败，保护了孩子持续改进的动力；还擅长运用积极语言引导，营造温暖、激励的沟通氛围，孩子大概率自信又阳光，亲子关系也较为融洽。

 **问题分析站**：鼓励式教育的优势

1. 增强自信

当孩子因为合理使用手机得到鼓励时，他会觉得自己是有能力做好这件事的，自信心得到极大提升。比如，孩子在写完作业后，只玩了规定时

间内的手机，家长的表扬会让他相信自己可以管理好自己的行为。

2. 激发内在动力

鼓励能激发孩子内在的动力，让他主动去遵守手机使用规则。他不再是因为害怕家长批评，而是为了得到更多的表扬和认可。例如，孩子在一次家庭聚会中，主动和其他小朋友一起玩，而不是玩手机，家长的鼓励会让孩子下次更愿意这样做。

3. 促进亲子关系

鼓励式教育能让亲子关系更加融洽。孩子感受到家长的认可和支持，会更愿意和家长沟通。在手机使用问题上，他们也会更愿意听取家长的建议。

行动指南：家长如何成为鼓励大师

1. 制定奖励机制

家长可以和孩子一起制定奖励规则。比如，如果孩子一周内都能很好地遵守手机使用时间，周末就可以带他去游乐园或者给他买一个小礼物。

> **例如** 小辉和爸爸妈妈约定，如果他一周内每天玩手机不超过一个小时，周末就可以去看他最喜欢的动画电影。小辉为了这个奖励，每天都很自觉地控制手机使用时间。

2. 用鼓励性语言代替批评

家长要时刻注意自己的语言，用积极向上的话语代替批评指责。比如，"你今天已经很努力地少玩手机了，要是明天能再坚持一下就更好啦！"

> **例如** 萌萌玩手机超过了时间，爸爸没有批评她，而是说："萌萌，你今天大部分时间都遵守了我们的约定呢，只是玩手机稍微超了一点儿时间，我相信你明天可以做得更好哦。"萌萌听了之后，心里暖暖的，也下定决心明天要遵守约定。

3. 发现孩子的闪光点

即使孩子在手机使用方面还有问题，家长也要努力发现他们的优点和进步。比如，孩子虽然玩手机时间有点儿长，但在玩手机的过程中学会了一种新玩法，家长可以表扬他们的学习能力。

> **例如** 小亮在玩手机游戏时，自己摸索出了一种新的过关方法，妈妈表扬他："小亮，你真聪明，能自己找到新方法呢！不过我们也要注意玩手机的时间哟。"

1. 优点放大镜游戏

家长和孩子一起，轮流说出对方在手机使用方面的一个优点或者进步。比如，孩子可以说："爸爸，你今天陪我一起控制手机使用时间，没有一直看你的手机，这很棒！"家长也可以说："宝贝，你今天主动把手机放远了一点儿，这是个好方法呢！"这个游戏能让双方都更加关注关于手机使用积极的一面。

2. 好习惯养成记录卡

家长和孩子一起制作一张好习惯养成记录卡，把孩子每天在手机使用方面的良好表现记录下来，比如按时放下手机、主动减少玩手机时间等。每记录一次，就贴上一个小贴纸或者画一个小星星。当积累到一定数量时，孩子可以兑换一个小奖励。

3. 鼓励留言板

在孩子的房间里设置一个鼓励留言板，家长可以在上面写下对孩子在手机使用方面的鼓励话语。孩子也可以在留言板上写下自己的目标或者感谢家长的话。这样一个小小的留言板能成为亲子之间情感交流的温馨角落。

第三章

榜样力量,爸爸妈妈如何做好榜样呢?

家长自检：我们的手机使用习惯是否合适？

 故事回顾：家庭时光中的"手机幽灵"！

在一个普通的周末傍晚，一家人都在客厅里。爸爸窝在沙发一角刷着短视频，时不时发出笑声；妈妈则忙着在手机上和朋友聊天，手指在屏幕上飞快地舞动。孩子在旁边拿着玩具，试图和爸爸妈妈分享他新发现的玩法，可爸爸妈妈只是敷衍地回应几句，眼睛始终没有离开手机。孩子有些失落地坐在一旁，原本温馨的家庭时光，被手机蒙上了一层阴影。

第三章
榜样力量,爸爸妈妈如何做好榜样呢?

📍 家长遇到了什么问题?

1. 陪伴时间被侵占

在陪伴孩子做作业、吃饭以及家庭休闲等时段过度使用手机,导致孩子被忽视,减少了与孩子互动交流的机会,使亲子相处质量下降。例如,孩子做作业有问题时,家长因玩手机而未能及时给予帮助,影响孩子学习效率和亲子关系。

2. 缺乏正面引导

若家长沉迷于娱乐视频、社交软件,会让孩子认为手机只是娱乐工具。孩子可能会降低对学习等有益活动的兴趣,更倾向于用手机娱乐。比如家长总是在孩子面前玩游戏,孩子可能会过度关注游戏而忽略其他活动。

趣味心理测评:你的手机使用习惯健康吗?

想知道自己的手机使用习惯是否合适,快来对照一下下面的信号表吧!

测试维度	具体表现	程度打分 (1~10分)
时间维度	每天花在手机上的总时长过长,如除工作时间外,休闲娱乐时间超过3小时,包括吃饭、陪孩子等时段都在使用手机。	
内容维度	大量时间用于娱乐和社交软件,超过60%的手机使用时间在刷娱乐内容、玩游戏、闲聊。很少浏览教育资料等有益内容。一周内用于浏览教育、知识拓展等内容的时间不足2小时。	
场合维度	在家庭聚餐、聚会等场合,玩手机时间超过30分钟,忽视与孩子交流,让孩子感到被冷落。	

结果分析：

3~10分： 恭喜你，手机使用习惯较为健康。在日常休闲娱乐使用手机中能较好把控时长，没有过度沉迷娱乐社交，还会匀出不少时间涉猎教育知识。同时在家庭或聚会时也能专注于人际交流，给予家人充分陪伴，这为孩子树立了不错的榜样，利于良好家庭氛围的营造。

11~20分： 你有一定的手机使用自律性，但仍有些小问题待改善。也许总时长偶尔超标，或是娱乐内容占比稍大，又或是特定场合下偶尔会分心看手机。长此以往，可能会逐渐影响亲子互动质量，需要留意调整，以防手机使用习惯进一步滑坡。

21~30分： 你当前的手机使用习惯不太健康。大把时间被耗费在手机上，本该温馨的家庭时光和自我提升的时段都被占据。孩子很容易察觉到自己被冷落，亲子关系或许已受到影响，同时个人知识拓展和视野开阔也受到阻碍，急需反思手机的使用习惯，作出改变，重拾生活与陪伴的重心。

问题分析站： 家长不良手机使用习惯的影响

1. 时间失控

家长若在手机上花费过多时间，会让孩子觉得手机比家人更重要。比如在陪孩子做作业时，家长频繁看手机，孩子会觉得自己没有得到足够的关注，从而可能打击学习积极性。而且长时间使用手机会减少亲子间的互动时间，影响亲子关系的深度发展。

第三章
榜样力量，爸爸妈妈如何做好榜样呢？

2. 内容误导

如果家长的手机内容大多是娱乐性质，孩子会认为手机就是娱乐工具。例如，孩子看到家长总是刷搞笑视频、玩游戏，就很难理解手机还有学习和获取知识的功能。相反，如果家长经常浏览教育资料、新闻资讯等，孩子可能会受到积极影响，对知识产生好奇。

3. 破坏场合

在特殊场合玩手机会严重破坏家庭氛围和亲子关系。像在家庭聚会中，家长一直玩手机，孩子会觉得自己被忽视，可能会产生孤独感或变得叛逆。在孩子学校活动时玩手机，更会让孩子感到自己在家长心中不重要，会影响孩子的自尊心和自信心。

哎！妈妈都不关心我的比赛结果。

 **行动指南**：家长如何守护亲子乐园的欢乐时光

1. 合理规划时间

家长要给自己设定每天使用手机的时间上限，尤其是在陪孩子和家庭活动期间。比如，可以规定在陪孩子做作业时，将手机调至静音或飞行模式，专心陪伴孩子；睡前半小时不碰手机，和孩子聊聊天，增进亲子感情。

> **例如** 爸爸和孩子约定，在陪孩子做作业的40分钟内不看手机，完成作业后可以陪孩子玩10分钟手机游戏，然后一起放下手机。

2. 优化手机内容

尽量减少无意义的娱乐内容的浏览，增加学习、教育、亲子互动类内容的比例。可以关注一些教育公众号、亲子教育平台，和孩子一起学习有趣的知识。

> **例如** 妈妈取消了一些娱乐类APP的推送，下载了亲子阅读和科普类APP，每天和孩子一起阅读科普文章或听故事。

第三章
榜样力量,爸爸妈妈如何做好榜样呢?

3. 注重场合

在家庭聚会、亲子活动、孩子学校活动等重要场合,要将手机放在一边,全身心投入活动。可以将手机交给其他家人保管或者设置免打扰模式。

例如 在家庭聚餐时,家长都把手机放在餐桌中央的一个盒子里,约定谁都不碰手机,专心享受聚餐时光,孩子也特别开心地和家人聊天。

1. 家庭手机使用约定海报

家长和孩子一起制作一张家庭手机使用约定海报,将合理使用手机的规则、时间安排等内容以有趣的图案和文字展示出来,贴在客厅显眼的地方,时刻提醒大家遵守约定。

2. 手机用途大揭秘

家长和孩子一起开展关于手机用途的讨论活动,各自分享手机除了娱乐之外的其他用途,如学习外语、查询资料、拍摄视频等。然后一起制作一个手机用途清单,并在之后的生活中尝试更多有意义的手机使用方式。

3. 无手机日挑战

每周选择一天作为无手机日,全家人一起参与。在这一天,不使用手机,而是开展各种有趣的家庭活动,如户外运动、家庭厨艺大赛、玩传统游戏等。结束后,一起分享没有手机的一天的感受和体验。

制定个人手机使用规则，
　为孩子树立榜样

 故事回顾：模仿的力量有多大？

小满的父母都是手机重度使用者，无论是在乘车途中、家庭聚会期间还是饭后闲暇时光，手机从不离手。有一次，小满参加学校的绘画比赛，她画了一幅一家人坐在沙发上的画，每个人都拿着手机，表情麻木。老师问小满为什么这样画，小满回答："爸爸妈妈总是玩手机，我觉得我们家就是这样的。"这让老师大为震惊。慢慢地，小满也开始频繁地拿起手机，沉浸在各种游戏和视频中。父母发现后，多次告诫小满不要过度玩手机，可小满却不以为然，依旧我行我素。

第三章
榜样力量，爸爸妈妈如何做好榜样呢？

📍 小朋友遇到了什么问题？

1. 行为模仿问题

孩子通过观察父母频繁玩手机的行为，将其视为正常模式进行模仿。父母在多种场合对手机的依赖，给孩子树立了不好的榜样，使得孩子也养成了频繁使用手机的习惯。这种行为模仿是孩子在成长过程中常见的学习方式，他们往往会不自觉地模仿父母的行为。

2. 对父母教导产生抵触问题

由于父母自身没有做到正确使用手机，孩子对父母"不要过度玩手机"的告诫产生了抵触情绪。孩子认为父母的说教缺乏说服力，因为父母自己都没有遵守规则，这让孩子觉得不公平，从而不愿意听从父母的教导，继续保持不良的手机使用习惯。

趣味心理测评：你是孩子眼中的"手机迷"家长吗？

想知道你是不是孩子的坏榜样，快来审视一下自己有没有以下这些行为吧！

主要情况	行为表现	程度打分（1~10分）
在家经常长时间玩手机，忽视孩子	在陪伴孩子做作业、玩耍时，总是忍不住看手机，而且每次持续时间较长。	
手机不离手，即使在特殊时刻	在家庭聚餐、亲子户外活动等场合，手机也一直拿在手上，随时查看。	
手机娱乐优先于陪伴孩子	有空闲时间时，第一选择是用手机玩游戏、刷视频等，而不是陪孩子。	

结果分析：

3~10分： 您在一定程度上意识到陪伴孩子时应减少对手机的依赖，但偶尔仍会受到手机吸引。虽然未对孩子造成严重影响，但仍需注意，因为孩子对父母陪伴的需求很敏感，应尽量在陪伴孩子时给予他们更专注的注意力，避免让孩子产生被忽视的感觉。

11~20分： 您在孩子面前使用手机的频率较高，可能已让孩子感觉到您对手机的关注超过了对他们的关注。建议您逐渐调整习惯，在与孩子相处的特定时间段，如陪孩子做作业、玩耍时，将手机调至静音或放在看不见的地方，全身心投入陪伴孩子。

21~30分： 您属于孩子眼中典型的"手机迷"家长，您过度依赖手机的行为已对亲子关系产生较大影响。孩子可能因长期被忽视而感到失落、孤独，甚至可能会模仿您过度使用手机的行为。您需要立刻作出改变，多创造与孩子互动的机会，重建亲密的亲子关系。

 **问题分析站：** 家长手机依赖对孩子的影响

1. 行为模仿

孩子会不自觉地模仿家长玩手机的行为。家长频繁使用手机的场景可能会让孩子认为玩手机是一种正常且受欢迎的活动，进而他们也会像家长一样沉迷其中，不管是在学习时间还是休息时间。

2. 忽视情感

当家长沉浸在手机的世界里时，会忽略孩

第三章
榜样力量，爸爸妈妈如何做好榜样呢？

子的情感需求。孩子可能会觉得自己没有得到足够的关注，长期下来，亲子之间的情感纽带会逐渐变得脆弱，影响孩子的心理健康和性格发展。

3. 价值观误导

孩子可能会认为玩手机比其他活动更有价值。家长对手机的依赖让孩子觉得通过手机获取的信息和娱乐是最重要的，从而降低对学习、运动、社交等其他重要生活内容的重视程度。

行动指南：家长如何制定个人手机使用规则

1. 划分手机使用时段

家长可以根据自己的日常安排，划分出专门的手机使用时段和禁止使

用时段。比如，在孩子放学回家后的两小时内，不使用手机，专心陪伴孩子。可以将手机使用时间集中在孩子睡觉后或者自己工作间隙等。

> **例如** 妈妈每天下午 5 点到 7 点是陪伴孩子的时间，这个时间段她会把手机放在另一个房间，全心全意和孩子聊天、做游戏。等孩子上床睡觉后，再处理手机上的事务。

2. 明确手机使用场景

规定在某些特定场景坚决不使用手机，如家庭聚餐、亲子出游等。在这些场景中，将注意力完全放在家人和活动上，为孩子营造良好的氛围。

> **例如** 全家一起出去爬山的时候，爸爸把手机调成飞行模式，放在背包里，和孩子一起欣赏风景、探索山路，享受亲子时光。

3. 控制手机使用时长

给自己设定每天使用手机的总时长限制，并通过手机自带的使用时间统计功能或者一些时间管理 APP 来监督自己。当达到时长限制后，就停止使用手机。

> **例如** 爸爸规定自己每天手机使用时长不超过 2 小时，他使用了一款时间管理 APP，当使用时间快接近 2 小时时，APP 会提醒他，然后他就会放下手机，去做其他事情。

1. 手机使用约定卡片

家长和孩子一起制作手机使用约定卡片，在卡片上写下双方的手机使用规则和承诺。将卡片放在显眼的位置，互相监督和提醒。遵守

第三章
榜样力量，爸爸妈妈如何做好榜样呢？

规则时，可以在卡片上贴上一张小贴纸作为奖励，当积累到一定数量的贴纸时，可以兑换一个小奖品，比如去看一场电影或者吃一次大餐。

2. 亲子"放下手机"摄影比赛

家长和孩子一起用相机（非手机相机）记录下彼此放下手机后有趣的瞬间。然后一起挑选出最精彩的照片，将这些照片打印出来，制作成家庭相册，展示家中没有手机干扰的温馨时刻，让孩子更加深刻地感受到放下手机后的美好。

3. 手机"变身"计划

与孩子一起讨论如何让手机从"娱乐工具"变为"学习助手"。然后制订一个计划，比如下载学习类APP，设定每天使用这些APP的时间，让手机发挥更积极的作用。

分享你的业余爱好，激发孩子兴趣

 故事回顾：爱好之光黯淡，孩子被手机"吞噬"！

在一个阳光明媚的午后，家里的书房中弥漫着艺术的气息。妈妈正专注地摆弄着她的摄影器材，调整角度、对焦、按下快门，每一个动作都充满了热情。一旁的哆哆原本正在玩手机，偶尔抬头看向妈妈，眼神中毫无好奇，随即又低下头沉浸在手机游戏中。妈妈完成拍摄后，兴奋地拿着相机走到哆哆身边，想和他分享刚刚拍摄的照片，讲述每张照片背后的故事，但哆哆只是不耐烦地回应了一句"等会儿，我在玩呢"，眼睛始终没有离开手机屏幕，妈妈眼中闪过一抹失落。那一刻，手机像一堵墙，隔绝了亲子间本该有的互动和兴趣传递。

家长遇到了什么问题?

1. 孩子注意力被手机占据

现代科技让手机成为孩子常见的娱乐工具,家长若不加以引导,孩子极易沉迷其中,忽略生活中的其他乐趣。例如,孩子一有空就拿起手机玩游戏或看视频,对周围的事物缺乏兴趣。

2. 孩子生活单调

如果家长没有向孩子展示自己丰富多彩的爱好,孩子可能会局限于单一的娱乐方式,不利于孩子全面发展。比如,孩子除了玩手机不知道还有什么好玩的,思维和创造力得不到拓展。

趣味心理测评:你的爱好分享是否到位?

想知道自己对爱好的分享是否能有效激发孩子的兴趣,快来对照一下下面的信号表吧!

测试维度	具体表现	程度打分(1~10分)
展示维度	很少在孩子面前展示自己的爱好,如一个月内在孩子面前进行爱好相关活动不足3次。	
讲解维度	未曾向孩子详细讲解爱好的乐趣和意义,孩子对家长的爱好一知半解。比如孩子不知道家长下棋为什么会那么开心。	
引导维度	没有引导孩子参与各种活动,只是自己独自进行,孩子没有体验的机会。例如家长经常独自读书,却不邀请孩子一起。	

结果分析:

3~10分: 意味着您在爱好分享方面几乎没有取得有效进展。很少展示、未详细讲解以及未引导孩子参与,这使得孩子对您的爱好知之甚少,很难激发孩子的兴趣。需要全面重视并改善这些问题,重新构建与孩子在爱好分享方面的沟通与互动。

11~20分: 说明您在爱好分享上有不错的表现,但仍存在一定的提升空间。在某些维度上,您可能偶尔会忽略,或者做得还不够充分。比如展示频率可适当增加,讲解的深度和引导孩子参与的主动性还能进一步提高。

21~30分: 表明您在爱好分享方面表现极为出色。无论是在展示自己的爱好、详细讲解爱好的乐趣与意义,还是积极引导孩子参与爱好活动等各维度,都做得非常到位。孩子能充分感受到您对爱好的热情,这极有可能有效激发孩子对相关爱好的兴趣,在亲子互动中,爱好是促进亲子关系和孩子成长的积极因素。

**问题分析站:** 家长爱好未分享的影响

1. 兴趣缺失

孩子因从未接触过家长的爱好,对新事物缺乏探索欲望。比如家长热爱瑜伽,但从未在孩子面前展示,孩子可能对这种有益身心的活动毫无概念,继续沉迷于手机娱乐。

2. 价值误解

孩子不了解爱好的价值,会忽视其重要

第三章
榜样力量，爸爸妈妈如何做好榜样呢？

性。例如家长喜欢读书，如果不向孩子分享读书的乐趣和收获，孩子可能会认为读书非常枯燥，不如手机好玩。

3. 参与隔离

孩子没有机会参与家长的爱好，无法体会其中乐趣。如家长喜欢篮球，却从不带孩子一起玩，孩子无法感受到篮球运动的快乐和对身体的益处。

 **行动指南**：家长如何用爱好点燃孩子的兴趣之火

1. 主动展示爱好

家长要经常在孩子面前进行相关活动，让孩子看到自己投入其中的

快乐状态。比如,喜欢摄影的家长可以在家庭出游时带上相机,为家人拍照,边拍边向孩子介绍摄影技巧和有趣之处。

> **例如** 妈妈在公园散步时,用相机捕捉美丽的风景和有趣的人物,让孩子帮忙找拍摄角度,孩子玩得不亦乐乎。

2. 深入讲解爱好

向孩子详细阐述爱好的乐趣和意义,从不同角度激发孩子的好奇心。可以结合自身经历,让孩子更容易理解。

> **例如** 爸爸喜欢下棋,他向孩子讲述下棋如何锻炼思维,例如,在棋局中要思考如何布局、应对对手的招式,就像一场有趣的智力挑战。

3. 积极引导参与

创造机会让孩子参与到自己的爱好活动中,让他亲身体验其中的乐趣。可以从简单的部分开始,逐步引导。

> **例如** 家长喜欢手工制作,先让孩子帮忙递工具、挑选材料,慢慢地让孩子参与到制作过程中,孩子会发现手工制作比手机游戏更有成就感。

1. 爱好展示日

每月设定一个爱好展示日,家长在这一天集中展示自己的爱好成果,如展示摄影作品、手工制品、读过的书等,并向孩子讲述其中的故事,激发孩子的兴趣。

第三章
榜样力量,爸爸妈妈如何做好榜样呢?

2. 爱好体验之旅

根据家长的爱好,组织家庭体验之旅。如家长喜欢户外运动,就一起去爬山、露营;喜欢艺术创作,就去参观美术馆、参加手工制作工作坊,让孩子在体验中感受爱好的魅力。

3. 爱好分享会

每周组织一次家庭爱好分享会,家长和孩子轮流分享自己新发现的活动的乐趣,或者本周在爱好活动中的经历,促进家人之间的爱好交流,拓宽孩子的视野。

共同制定家庭手机规则，互相监督！

 故事回顾：被手机"抢走"的亲子时光

在一个阳光明媚的周末下午，一家人准备去公园游玩。可临出门时，爸爸被手机上的工作消息缠住了，妈妈则沉浸在手机购物中，晨晨在一旁无聊地等待着。好不容易到了公园，晨晨兴奋地想和爸爸妈妈玩飞盘，却发现爸爸妈妈不时地看一眼手机，孩子的热情像被泼了冷水，兴致全无。

第三章
榜样力量，爸爸妈妈如何做好榜样呢？

📍 **这反映出家庭中存在什么问题呢？**

1. 缺乏专注陪伴

在家庭活动时间，父母都被手机吸引，没有全身心地陪伴孩子。本来是愉快的公园游玩时光，但父母的注意力被手机分散，使得孩子在期待与父母互动的过程中遭受冷落。这会让孩子感到自己在父母心中的重要性不如手机，影响亲子的情感连接和孩子的满足感。

2. 热情受挫

孩子对玩飞盘充满热情，但父母的消极回应，尤其是他们频繁看手机的行为，像一盆冷水浇灭了孩子的兴致。这种情况破坏了原本轻松愉快的家庭活动氛围，长此以往，孩子可能会对家庭集体活动失去兴趣。

趣味测评：你的家人有手机使用规则吗？

想知道家里的手机使用规则是否规范，快来测一测你是否有以下情况吧！

手机规则标准	具体表现	程度打分（1~10分）
是否影响家庭活动正常开展	观察家庭成员日常活动，比如一起吃饭、出游、做游戏的时候。如果经常因为使用手机而中断活动，或者家庭成员注意力都在手机上，导致活动无法顺利进行，那就说明手机使用规则存在问题。比如在家庭聚餐时，本应是欢乐的交流时刻，但因为有人频繁看手机，使交流变得断断续续，这种情况就不太健康。	

续表

手机规则标准	具体表现	程度打分（1~10分）
是否促进家庭成员情感交流	看看手机使用过程中，家庭成员是否存在更多积极的情感互动。例如，大家一起看有趣的视频并高兴地讨论，或者通过手机一起为某位家庭成员准备惊喜，这样的情况是好的。反之，如果各自玩手机，对其他成员的事情漠不关心，很少有情感交流，就是不良的。	
是否有助于家庭成员知识技能提升	检查手机使用是否为家庭带来了知识和技能的增长。如果家庭成员经常一起使用手机学习新的语言、探索科学知识、学习手工制作等，那是非常有益的。要是手机只是用于娱乐，如长时间玩简单的休闲游戏或刷无意义的短视频，没有任何知识技能方面的收获，那就是毫无价值的。	

结果分析：

3~10分：家庭手机使用规则极不规范，对家庭活动正常开展产生较大负面影响，导致家庭成员间情感交流匮乏，且手机未在知识技能提升方面发挥积极作用。建议尽快制定并严格执行科学合理的手机使用规则，例如在家庭活动期间禁止使用手机，鼓励共同参与有益的手机学习活动等，以改善家庭氛围和互动模式。

11~20分：家庭手机使用规则存在较多问题，虽未完全破坏家庭活动，但已对其造成一定干扰。需要审视现有手机使用习惯，明确使用时间和场景，引导家庭成员更多地利用手机进行积极互动和学习，逐渐优化家庭手机使用规则。

21~30分：家庭手机使用规则较为规范，手机使用对家庭活动影响较小，能在一定程度上促进家庭成员情感交流，并助力知识技能提升。不过仍有优化空间，可进一步强化有益的手机使用方式，比如定期开展家庭手机学习分享会等，以更好地发挥手机对家庭的积极作用。

第三章
榜样力量，爸爸妈妈如何做好榜样呢？

问题分析站：家庭手机使用规则不足的影响

1. 干扰活动

当手机使用干扰到家庭活动时，会破坏家庭氛围和家庭成员之间的关系。孩子会觉得家庭活动没有吸引力，家长也可能错过与孩子建立美好回忆的机会。例如一家人在户外野餐，准备放风筝，但家长被手机上的消息吸引，孩子只能自己尝试放风筝，兴致受挫。

爸爸，快来帮我放风筝。

你自己先试试，爸爸忙。

2. 情感疏离

缺乏情感交流的手机使用模式，会让家庭成员之间的关系变得冷漠。各自沉浸在手机的世界里，会忽视家人的情感需求，导致家庭凝聚力下降。比如孩子在学校获得了奖励，兴奋地想和家长分享，却看到家长都在玩手机，孩子的喜悦瞬间消失。

3. 成长停滞

如果手机使用没有带来知识和技能的提升，家庭的发展和孩子的成长都会受到限制。长期只追求娱乐的手机使用习惯，会让家庭成员错过很多学习机会，对家庭的长远发展不利。像本来可以利用手机学习理财知识，让孩子从小有理财意识，却被娱乐占据了时间。

1. 保障家庭活动优先

在家庭活动期间，将手机设置为特殊模式，如飞行模式或免打扰

第三章
榜样力量，爸爸妈妈如何做好榜样呢？

模式，只允许接听重要电话。提前和家人沟通好，活动期间手机仅用于拍照、查询与活动相关的信息（如查询野餐地点附近的游玩项目）等。

> **例如** 家庭出游时，大家把手机调至飞行模式，仅在需要拍照留念或查找附近景点路线时使用手机，其余时间全身心投入到游玩中。

2. 增强情感互动环节

制定专门的家庭手机互动时间，比如每周一次的"家庭欢乐时光"，大家一起用手机观看搞笑的短剧，或者玩一些能增进情感的手机游戏，并在过程中积极交流分享。

> **例如** 在"家庭欢乐时光"，全家一起玩猜家庭成员梦想旅行地的手机游戏，每个人都有机会描述线索，大家通过手机投票猜测，欢声笑语不断，增进了彼此的了解。

3. 监督与执行机制

建立家庭成员之间互相监督的机制，定期召开家庭会议，回顾规则的执行情况，对表现好的成员给予表扬和奖励，对违反规则较多的成员进行适当的沟通和调整规则。

可以设立一个家庭监督小卡片，每个成员在发现其他成员违反规则时，可以友好地提醒并记录。

4. 晨起睡前，手机"隐身"时刻

早晨醒来后的半小时，还有晚上准备睡觉之前的一小时，是手机"隐身"时段。家长先带头，孩子跟着学，慢慢就戒掉了睁眼闭眼都瞅手机的习惯，作息变得非常规律。

例如 早上一骨碌爬起来，伸懒腰、洗漱、美滋滋吃早餐，才没空搭理手机推送；晚上静下心来翻几页漫画书，或是做个甜甜的冥想放松，把手机这个"睡眠小怪兽"甩得远远的。

1. 家庭手机规则桌游制作

一家人一起制作一个关于家庭手机使用规则的桌游。把规则融入游戏环节，如抽到违反时间规则的卡片就要暂停一轮等。通过玩桌游，加深对规则的理解和记忆。

2. 家庭手机规则监督接力赛

设计一个家庭手机规则监督接力挑战。比如第一天家长负责监督孩子遵守规则，第二天孩子监督家长，第三天大家互相监督。完成一轮挑战后，分享监督过程中的趣事和发现的问题，不断优化规则。

3. 家庭手机使用模范成员评选

每个月评选一次"模范成员"，根据一家人在手机使用规则遵守、情感交流促进、知识技能提升等方面的表现来评选。获得称号的成员可以获得一份小礼物，鼓励全家共同遵守规则。

第四章

多彩时光,用创意活动点亮家庭生活

亲子共读：共同探索想象与专注的力量

 故事回顾：专注力被"小捣蛋"抓走啦！

可可自己读书的时候，总是没法集中注意力。有一次，妈妈让可可在房间里自己看绘本，可没过一会儿，窗外小朋友们的嬉闹声吸引了可可，他放下书趴在窗边看了起来。还有一次，可可正打算认真读故事书，但放在旁边的手机突然亮了一下，他忍不住拿起手机玩了起来，从而打断了阅读计划。

第四章
多彩时光，用创意活动点亮家庭生活

📍 小朋友遇到了什么问题？

1. 注意力分散

这种注意力分散的情况会让可可难以深入理解绘本内容，阅读效率低下。长此以往，可能养成不良的阅读习惯，无法在安静的环境中专注于书本。

2. 想象力受限

当孩子不能沉浸在阅读中时，他们就无法跟随故事情节展开想象，书中那些奇妙的画面和情节就不会在他的脑海中生根发芽。这让阅读无法成为他们汲取知识和乐趣的途径。

趣味心理测评：你家孩子在阅读时，会分心吗？

想知道你家孩子在阅读时是否容易分心，快来对照一下下面的信号表吧！

分心症状	具体表现	程度打分（1~10分）
总是忍不住想看电视/玩玩具	阅读的时候，眼睛总是忍不住瞄向电视机或寻找玩具。	
听故事时心不在焉	听故事的时候，经常开小差，不知道故事讲到哪里了。	
对阅读提不起兴趣	觉得阅读很无聊，宁愿去做其他事情。	
无法长时间集中注意力	阅读一会儿就坐不住了，想要站起来走动或者玩耍。	

结果分析：

4~10分：孩子，你在阅读时的专注度还不错哦！继续保持这样的状态，你会在阅读里发现更多有趣的知识和故事。

11~20分：孩子，你在阅读时开始出现比较明显的分心情况啦。这可能会影响你对书籍内容的理解和吸收，需要慢慢地提升自己的专注力哦。

21~30分：孩子，看来你在阅读时分心的问题比较严重呢。你可以从自己感兴趣的书籍开始读起，每次阅读的时间不用太长，逐渐培养阅读的习惯和专注力。相信你一定可以越来越棒的！

 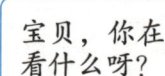：阅读分心的信号

1. 心猿意马

孩子在阅读时，心思飘忽不定，像小猴子一样上蹿下跳，一会儿摸摸书，一会儿玩玩自己的手指，很难长时间集中注意力在书本上。

2. 左顾右盼

这类孩子在阅读时，眼睛总是忍不住四处张望，很容易被周围的环境

所吸引,比如窗外的声音、房间里的其他物品等。

3. 坐立不安

这类孩子在阅读时,身体总是动来动去,很难安静地坐下来,一会儿摸摸鼻子,一会儿挠挠头,无法保持专注的阅读状态。

1. 营造舒适的阅读环境

亲子共读能让孩子更专注,除此之外,家长还要尽量减少外界干扰。可以选择相对安静的房间作为阅读空间,关闭电视、手机等可能发出声音

的设备。

> **例如** 家长和孩子一起阅读时,可以关上窗户,拉上窗帘,就能在安静的氛围中专注阅读。还可以在阅读空间布置一些与书籍内容相关的装饰品,比如阅读科幻书籍时,摆放一些科幻模型,激发孩子的想象力。

2. 互动式阅读

在阅读过程中,家长可以引导孩子观察图画、提出问题、模仿角色等。这些方式都可以增加阅读的趣味性,从而提升孩子的专注度和想象力。通过让孩子猜测故事发展、描述画面中的细节等方式,激发孩子在脑海中构建故事场景。

> **例如** 妈妈在和孩子读《西游记》时,可以准备孙悟空的面具和金箍棒玩具。当读到孙悟空出场时,妈妈让孩子戴上面具,拿着金箍棒模仿孙悟空的动作。以及,妈妈还可以在关键情节处停下来问孩子:"你猜孙悟空能不能打败这个妖怪呢?"孩子就会迫不及待地想继续读下去。

3. 培养阅读习惯

家长要和孩子养成规律的阅读习惯,每天在固定的时间阅读,让孩子形成生物钟。可以从短时间开始,比如每天15分钟,然后逐渐增加时间。长期坚持下来,孩子会在固定时间自动进入专注阅读状态。

> **例如** 每天晚上睡前,爸爸都会和孩子一起读15分钟书。刚开始孩子还会有些坐不住,但坚持了一段时间后,孩子每天晚上到点就会主动拿着书找爸爸,而且在阅读过程中非常专注。

第四章
多彩时光，用创意活动点亮家庭生活

欢乐亲子创意工坊

1. 书中寻宝游戏

家长和孩子一起选择一本熟悉的书，然后家长在书中挑选一些关键词或者小细节，让孩子在阅读过程中寻找。孩子每次找到一个，就可以得到一个小奖励（小贴纸或者健康的小零食）。同时，在孩子寻找的过程中，鼓励孩子想象关键词所代表的场景或物品的样子，这个游戏可以让孩子在阅读时更加专注，并激发想象力。

2. 亲子故事接龙绘画

家长和孩子一起讲一个故事，每人轮流说一句话，然后根据自己说的内容画一幅画。下一个人在接故事的同时，也要把上一个人的画融入自己的画中。通过这种方式，把故事创作和绘画结合起来，激发孩子的想象力和对阅读的兴趣。

3. 阅读角色扮演大比拼

选择一本孩子喜欢的书，家长和孩子分别扮演书中的不同角色，根据书中的情节进行表演。在表演过程中，要尽量还原书中角色的性格和语言。表演结束后，可以互相评价，看看谁对角色的理解更准确。通过角色扮演，孩子能更加深入地想象角色的情感、想法和行动，仿佛置身于故事之中。

户外大冒险：寻找大自然里的成长宝藏

 故事回顾：别让虚拟世界锁住你的活力！

以前，小鱼喜欢在小区里奔跑、踢球，去公园里观察昆虫。可现在，每次小伙伴来叫他出去玩，他都没有兴趣。周末，爸爸妈妈带他去郊游，美丽的湖光山色、叽叽喳喳的小鸟都无法吸引他的注意。他抱着平板电脑，沉浸在游戏的世界里，对周围的一切都视而不见。

第四章
多彩时光，用创意活动点亮家庭生活

📍 小朋友遇到了什么问题？

1. 感官体验缺失

电子娱乐设备占据了小鱼的兴趣空间，这会让他错过与大自然亲密接触，阳光温暖、微风轻拂、花草芬芳，这些美好的体验他都感受不到。

2. 观察力与探索欲降低

在户外，有无数值得发现的新奇事物，如不同形状的树叶、独特的岩石纹理、奇妙的昆虫行为等，但小鱼却对此视而不见。这种情况可能会阻碍其观察力、好奇心和探索精神的发展，而这些都是成长中不可或缺的。

趣味心理测评：你家孩子缺少户外活动吗？

想知道你家孩子与大自然是否足够亲近，快来做个小测试吧！

情景描述	大自然（1分）	室内（3分）
周末更喜欢	去公园玩耍、探索大自然。	宅在家玩游戏、看电视。
听到去郊游的反应	兴奋地跳起来，开始准备郊游装备。	兴趣缺缺，更想在家玩。
在户外时通常会	积极探索，观察动植物，收集树叶、石头等。	拿着手机拍照，或者坐在一旁发呆。
平时更喜欢：	沐浴阳光，感受微风。	待在房间里足不出户。

结果分析：

4~6分：恭喜你，你家宝贝是个热爱大自然的探险家！

7~9分：你家宝贝可能需要更多机会亲近大自然。

10~12分：建议你多带宝贝去户外，探索大自然的乐趣！

 **问题分析站**：孩子为什么会成为"屏幕小宅男/女"？

1. 电子保姆

在现代生活中，电子设备已经成为孩子形影不离的"朋友"。由于各种原因，家长有时会忽略引导孩子参与户外活动。孩子很容易沉迷于电子游戏和动画视频，而家长为了方便省事，有时会把电子设备当作"电子保姆"来安抚孩子。

2. 过度保护

家长出于对孩子的过度关爱，总是担心孩子在户外会遭遇各种危险，如受伤、生病等。哪怕是在适宜的天气条件下，也不允许孩子去户外玩耍，剥夺了孩子与大自然接触的机会。

第四章
多彩时光，用创意活动点亮家庭生活

3. 学习至上

家长认为学习最重要，于是，孩子的时间被大量的学习任务占据，所有的课余时间都被安排用于学习、补习或完成作业，户外活动的需求完全被忽略。

行动指南：家长如何变身户外探险领航员

1. 规划有趣的户外活动

家长可以根据孩子的兴趣和年龄，和孩子一起制订周末或假期的户外

活动计划，如公园野餐、爬山、骑自行车、露营等，并提前准备好所需的物品。

> **例如** 如果孩子喜欢神秘的事物，可以组织一次森林寻宝活动，提前在森林里藏一些小玩具或零食作为"宝藏"，并为孩子准备一张简单的寻宝地图。或者针对喜欢挑战的孩子，安排一次山地徒步旅行，设定一些有趣的小目标，如寻找特定形状的石头、观察某种鸟类等。

2. 赋予户外探索任务

家长可以带孩子去探索大自然，例如观察植物、昆虫、鸟类，收集树叶、石头等，激发孩子对大自然的兴趣和好奇心。为了让孩子更主动地参与户外探索，家长可以给他布置一些有趣的小任务。

> **例如** 妈妈在带孩子去郊外时，给孩子一个小袋子和一份任务清单，上面写着"找到三种不同形状的石头""发现一种会飞的昆虫并描述它的样子"等。孩子为了完成任务，会积极地在郊外寻找，不仅玩得愉快，还锻炼了观察力。

3. 鼓励孩子参与户外运动

家长可以鼓励孩子参加一些户外运动，例如踢足球、打篮球、游泳等，这样不仅可以增强孩子的体质，还可以培养孩子的团队合作精神。

> **例如** 踢足球能够锻炼腿部力量、提升身体的协调性，打篮球需要跳跃、投篮、防守，这有助于增强孩子的弹跳能力和上肢力量。游泳不仅能增强孩子的心肺功能、提高身体的柔韧性，还能培养孩子的勇气和自信心。

第四章
多彩时光，用创意活动点亮家庭生活

欢乐亲子创意工坊

1. 自然寻宝游戏

自然寻宝游戏是一种能够使户外活动变得趣味十足的亲子活动。家长可以事先精心挑选一些小礼物，这些礼物可以是孩子喜欢的小玩具、精美的书签或者美味的小零食。然后，根据户外环境的特点，巧妙地把这些小礼物藏在各个角落。比如，在公园的花丛中藏一个小巧的蝴蝶发卡，在大树的树洞里放一个带有神秘图案的拼图。

2. DIY自然笔记

家长可以和孩子一起准备一个精美的笔记本，最好是带有空白页和插画格子的那种。在户外探索的过程中，当遇到有趣的动植物时，家长可以引导孩子仔细观察并用笔记本记录下来。

3. 搭建户外小帐篷

搭建户外小帐篷是一项能让亲子充分享受户外乐趣的活动。家长可以先准备一个适合户外使用的小帐篷，最好是轻便易搭建的那种。选择一个风景优美、平坦安全的户外场地，比如公园的草地或者郊外的露营基地。

创意手工坊：与孩子开动脑筋，动手创作

 故事回顾：别让你的小脑袋"生锈"啦！

　　澄澄是一个爱动脑筋的小男孩，他喜欢玩拼图、搭积木，能拼出各种各样的造型、小火车、小房子、小机器人……每一个作品都充满了奇思妙想。他还喜欢观察路边的小花小草，研究蚂蚁搬家。可是现在，澄澄越来越不喜欢和真实的世界接触了。他每天除了看手机就是看手机，吃饭的时候看手机，上厕所的时候看手机，就连睡觉前也要看手机。

第四章
多彩时光，用创意活动点亮家庭生活

📍 小朋友遇到了什么问题？

1. 脑子变懒了

手机里那些零碎的消息，会让大脑变得懒洋洋的，缺乏深度思考的锻炼。这就好比机器太久不用就会生锈一样。时间一长，澄澄的思维活跃度和创造力都会受到很大的影响。

2. 疏远现实世界

澄澄把太多时间花在手机的虚拟世界里了，结果对真实世界没什么兴趣了。他不再关心那些可以亲手参与和感受的事情，不管是拼图的乐趣还是周围美好的事物，他都懒得去注意了。

趣味心理测评：你家孩子的创造力"沉睡"了吗？

你家的孩子是否因为懒得动脑筋和动手而让创造力慢慢退化了呢，快来测试一下孩子的创造力还在不在吧！

创造力信号	具体表现	程度打分（1~10分）
喜欢天马行空的想象	经常会有一些奇思妙想，比如想飞上天空、和动物说话等。	
乐于动手创造	喜欢用积木搭建、画画、做手工等，享受创造的过程。	
对新事物充满好奇	对周围的世界充满好奇，喜欢探索新事物，尝试新玩法。	

结果分析：

3~10分：孩子，你丰富的想象力、对创意活动的热爱以及对新事物的好奇，让你总能发现生活中的新奇之处。继续保持这份热情，未来你说不定能成为一个了不起的创意小天才呢！

11~20分：孩子，你的创造力还不错，但还有提升的空间哦。从现在开始，多去尝试一些新的创意玩法，多发挥自己的想象力，你的创造力会更上一层楼。

21~30分：孩子，你的创造力可能正在"沉睡"呢。别着急，这只是暂时的。你可以从自己感兴趣的事情入手，也可以多去户外走走，观察大自然，激发自己的想象力。相信不久后，你的创造力就会重新被唤醒！

问题分析站：宝贝失去创造力的信号

1. 缺乏好奇心和探索欲

对新事物缺乏兴趣，不愿意尝试新玩法，总是重复相同的活动。这可能是创造力下降的早期信号。好奇心是推动孩子探索和创造的动力。当孩

子对周围的世界充满好奇时，他会主动去观察、思考、尝试，从而激发创造力。

2. 寻求现成答案，缺乏独立思考

总是寻求现成的答案，不愿意自己动脑思考，缺乏解决问题的能力。这会限制孩子创造性思维的发展。家长要多鼓励孩子自己动脑思考，即使错了也要给予肯定，让他感受到思考带来的乐趣。

3. 动手能力不足，害怕失败

缺乏动手实践的机会，不敢尝试新的事物，害怕失败，缺乏自信心。这会影响孩子将创意转化为现实的能力。只有将想法付诸实践，才能将创意变成现实。鼓励孩子动手操作，例如绘画、剪纸、搭建积木等，可以帮助他将想象力转化为动手能力。

1. 变废为宝，创意无限

家长可以和孩子一起收集家中的废旧物品，像纸箱、瓶子、塑料袋、旧衣物等都是很好的素材。然后，和孩子一起发挥想象，把这些看似无用的东西变成充满趣味的玩具或者精美的装饰品。

> **例如** 周末，爸爸和孩子一起打扫房间，发现了很多废旧纸箱。他们决定把纸箱变成一个"秘密基地"。经过一下午的努力，一个有门有窗还有瞭望台的纸箱"秘密基地"就完成了，孩子在里面玩得不亦乐乎，还在里面放上了自己喜欢的玩具和图书。

2. 亲近自然，寻找灵感

家长要多带孩子到大自然中去走走逛逛，引导他仔细观察花草树木的形状、颜色和纹理，留意昆虫鸟类的姿态和习性。同时，可以收集一些树叶、石头、树枝等自然素材，用于手工创作。

> **例如** 妈妈春天带着孩子去公园，捡了很多漂亮的花朵、形状各异的树叶和很多光滑的石头。回到家后和孩子一起在纸上拼贴出一幅美丽的森林画卷，用颜料在石头上面彩绘出可爱的动物形象，如萌萌的小刺猬、彩色的小鱼等。

3. 主题创作，激发想象

家长可以设定一个有趣的主题，像"我的未来城市""海底世界""童话王国"等，鼓励孩子围绕这个主题进行手工创作。这样的主题能让孩子更有目标和方向地思考，充分调动他的创造力和想象力。

> **例如** 爸爸和孩子一起讨论，决定用轻黏土和一些小树枝、小石

第四章
多彩时光，用创意活动点亮家庭生活

子来制作童话世界。孩子用轻黏土捏出美丽的公主、帅气的王子、可爱的小矮人，用小树枝搭建了房子，用小石子铺出了小路，一个充满童话色彩的手工作品就诞生了。孩子在创作过程中充分发挥了自己的想象力，讲述着自己心中的童话故事。

欢乐亲子创意工坊

1. 神奇的纸箱王国

和孩子一起收集各种大小的纸箱，用剪刀、胶水、彩笔等工具，将它们组合成一个"纸箱王国"。可以搭建城堡、房屋、街道等，让孩子在游戏中发挥想象力和创造力。

2. 自然拼贴画

带孩子到大自然中收集各种树叶、花瓣、小石头等，将它们拼贴成一幅美丽的图画。可以引导孩子观察不同形状和颜色的自然素材，发挥想象力进行创作。

3. 故事绘本创作

和孩子一起创作一个绘本故事。可以先构思故事的情节，然后由孩子绘制插图，最后将图画和文字组合成一个完整的绘本。这个过程不仅可以培养孩子的创造力，还能提高他们的语言表达能力和故事创作能力。

家庭戏剧社：全家上阵演出欢乐剧目

 故事回顾：温馨亲情被"小屏幕"吞噬啦！

悦悦一家最近有些烦恼，以前充满欢乐的家庭氛围逐渐消失了。以前，一家人经常围坐在一起玩游戏、聊天，悦悦总是最活跃的那个，表演各种有趣的小节目。可现在，每次家庭聚会时，悦悦总是独自坐在角落里玩手机。有一次家庭聚餐，大家原本计划玩猜谜语的游戏，悦悦却没什么兴趣，眼睛一直盯着手机屏幕，对家人的互动毫无反应。

第四章
多彩时光,用创意活动点亮家庭生活

📍 小朋友遇到了什么问题?

1. 家庭参与度降低

悦悦对手机的过度沉迷导致她对家庭活动的兴趣大幅下降,不再积极参与家庭聚会,与家人的互动也减少了。这反映出电子设备容易让孩子沉迷于虚拟世界,从而减少与家人共度现实生活中的美好时光,进而导致家庭参与感的缺失。

2. 表演热情减退

曾经那个喜欢表演、逗乐家人的悦悦不见了,手机占据了她的时间和精力,让她对表演失去了热情。长此以往,可能会抑制孩子表演天赋和表达能力的发展,而这些能力在家庭互动和个人成长中都至关重要。

趣味心理测评:你家孩子在家庭活动中"掉线"了吗?

想知道孩子是不是对家庭活动不感兴趣了,快来对照一下下面的信号表吧!

冷漠症状	具体表现	程度打分(1~10分)
家庭聚会玩手机	在家庭聚餐、聚会等活动中,总是玩手机,不理会家人。	
拒绝表演节目	以前喜欢表演,现在不愿意在家人面前表演节目,提不起兴趣。	
对家庭游戏没反应	家人提议玩游戏时,表现冷淡,不参与或敷衍了事。	

结果分析：

3~10分： 孩子，看得出来你很享受和家人在一起的时光。继续保持这样的热情，家庭活动会因为你的参与变得更加有趣和温馨。

11~20分： 孩子，你对家庭活动的热情似乎不高哦。试着暂时放下手机，多和家人互动，重新发现家庭活动的乐趣。相信只要你主动参与，会再次爱上和家人一起的时光。

21~30分： 孩子，看起来你在家庭活动中好像"掉线"啦。找个机会和家人沟通你喜欢的活动方式，一起创造更多美好的回忆吧。希望你能尽快重新融入家庭活动中，感受家庭的温暖。

**问题分析站**：家庭活动冷漠的信号

1. 自我孤立

这类孩子在家庭活动时，完全沉浸在手机世界，把自己孤立起来。他对周围家人的欢声笑语充耳不闻，对家庭活动氛围毫无感知，仿佛家庭聚会与他无关，只专注于手机中的内容。

2. 消极对待

有些孩子面对家庭活动时，虽然没有完全拒绝，但态度消极。当家人组织表演节目或玩游戏时，他会表现出不情愿、不耐烦，敷衍参与，没有真正投入，心思还在手机或其他电子设备上。

3. 兴趣转移

这类孩子原本对家庭活动有一定兴趣，但受电子设备吸引，兴趣完全转移。比如以前喜欢在家庭聚会上唱歌、跳舞，现在觉得玩手机游戏更有趣，对家庭表演和游戏没了热情，即使参与也是心不在焉。

行动指南：让孩子回归家庭聚会的热闹氛围

1. 挖掘兴趣点，定制专属活动

仔细观察孩子的兴趣爱好，无论是喜欢的动画角色、神奇的科学现象，还是刺激的冒险故事，都可以成为家庭聚会活动的主题。

> **例如** 如果孩子对超级英雄着迷，家长可以设计一个超级英雄拯救世界的情景游戏。准备一些简单的道具，如自制的超级英雄披风、面具，用纸箱制作的秘密基地等。把家庭聚会变成孩子梦想中的超级英雄世界，让他在其中尽情发挥，找回参与家庭活动的热情。

2. 赋予角色使命，激发参与热情

根据家庭聚会的主题为每个家庭成员分配角色，并强调每个角色的重要性。对于孩子，要着重引导他们理解自己所扮演角色的特殊使命。

> **例如** 在以魔法学院为主题的聚会中，告诉孩子他所扮演的小魔法师掌握着关键的魔法咒语，是解开谜题、拯救学院的关键人物。和孩子一起讨论如何展现这个角色的特点和能力，让他感受到自己在活动中的价值，从而积极投入到家庭聚会中。

3. 打造梦幻场景，增添聚会魅力

用心布置家庭聚会的环境，营造出与活动主题相符的氛围。可以利用灯光、装饰、音乐等元素来增强氛围感。

如果是举办一场海洋主题的聚会，可以在客厅挂上蓝色的彩带模拟海水，用气球制作成各种海洋生物的形状，播放海浪和海豚叫声的音频，让孩子仿佛置身于神秘的海底世界。再准备一些与海洋相关的小道具，如贝

壳项链、海盗眼罩等,让孩子在充满趣味的环境中享受家庭聚会,激发他对家庭活动的兴趣。

1. 剧本创作大赛

家长和孩子一起参与创作。设定一个主题,如"奇妙的森林冒险"或"未来世界之旅",然后全家人分别创作剧本。完成后,一起分享、评选,选出最有趣的剧本进行表演。这个过程不仅能激发孩子的创造力和写作能力,还能增强家庭互动。

2. 即兴表演游戏

在家庭聚会中开展即兴表演游戏。由一个家庭成员给出一个场景、一个角色和一个任务,其他成员即兴表演。比如"在超市里,如果你找不到妈妈了,应该如何寻求帮助?"这种游戏不仅能锻炼孩子应变能力,还能提升表演能力,让家庭氛围更欢乐。

3. 角色模仿秀

选择孩子熟悉的影视、动画角色,全家人一起模仿。模仿角色的语言、动作、表情,能让孩子更好地理解角色特点,这也是一种有趣的家庭娱乐方式。

4. 记录和分享

用照片或视频记录下精彩的表演瞬间,并与亲朋好友分享,让孩子感受到表演的成就感和乐趣。

美食DIY：在厨房中共享快乐亲子时光

 故事回顾：美味餐桌被"小屏幕"笼罩啦！

小雨最近迷上了手机游戏，就连吃饭也变得心不在焉。妈妈精心准备的晚餐，她却只顾着玩游戏，一口菜都没动。香喷喷的鸡翅、五彩缤纷的蔬菜沙拉等，都无法吸引她的目光。妈妈无奈地叹了口气，看着小雨越来越瘦小的身形，心里充满了担忧。

第四章
多彩时光,用创意活动点亮家庭生活

📍 小朋友遇到了什么问题?

1. 营养不良

小雨沉迷手机游戏,导致饮食不规律,无法摄取足够的营养,影响身体健康。吃饭时玩手机还会影响胃肠的消化液分泌和胃肠蠕动,降低食欲。长此以往,身体得不到充足的营养供应,可能出现体重下降、免疫力降低、发育迟缓等问题。

2. 亲子互动减少

吃饭本应是家人交流的温馨时光,但小雨的注意力完全被手机占据,忽略了与家人的互动,导致亲子关系疏远。本来一家人聚在一起吃饭,是拉近距离、说说心里话的好时机,然而手机的介入导致这种交流被阻断。

趣味心理测评:你家孩子"手机控"了吗?

请根据孩子在家庭聚会中的表现,对以下项目进行打分(1~10分,分数越高表示"手机控"倾向越严重)。

"手机控"信号	具体表现	程度打分(1~10分)
入场手机先锋	一到聚会场所,第一件事就是掏出手机,开始玩游戏或浏览社交媒体。	
聚餐手机伴侣	即使在聚餐时,也手机不离手,很少参与家人之间的谈话,甚至忽略了美味的食物。	
聊天手机插播	家人聊天时,频繁查看手机,回复信息或刷朋友圈,打断谈话的流畅性。	

续表

"手机控"信号	具体表现	程度打分（1~10分）
游戏手机优先	家人提议一起玩游戏或进行其他活动时，却更愿意沉浸在手机游戏中。	
离场手机断后	聚会结束，依然沉迷于手机，迟迟不愿离开或离开后立刻又投入手机的世界。	

结果分析：

0~15分：恭喜！你家宝贝在家庭聚会中表现良好，能够积极参与互动，享受与家人的相处时光。

16~35分：你家宝贝对手机有一定的依赖性，需要适度引导，鼓励他们在家庭聚会中放下手机，多与家人交流。

36~50分：你家宝贝的"手机控"倾向较为明显，需要引起重视，帮助他们养成健康使用手机的习惯，避免沉迷于虚拟世界。

问题分析站："手机控"的信号

1. 心不在焉

孩子在吃饭时，眼睛虽然看着饭菜，但心思却完全不在上面，手里不停地滑动着手机屏幕。孩子往往吃得很少，甚至会忘记自己吃了什么。这

种状态下,吃饭只是一种机械行为,食物对于他来说失去了应有的吸引力,营养摄入自然不好。

2. 食不知味

有些孩子即使在吃饭时不玩手机,也会因为想着手机里的游戏或视频而食不知味,无法享受食物的美味。他的心思完全被手机内容占据,虽然坐在餐桌前,却仿佛灵魂出窍,对眼前的美食毫无感知,不能体会到食物带来的满足感。

3. 独自用餐

有些孩子沉迷手机,甚至不愿意与家人一起吃饭,更喜欢独自躲在房间里一边玩手机一边吃饭。这种行为不仅使亲子间的交流机会丧失,还可

能让孩子养成孤僻的性格。同时在无人监管的情况下，饮食的健康和规律更难以保证。

行动指南：家长如何变身美食"守护神"

1. 共同制订美食计划

家长可以和孩子一起制订每周的美食计划，让孩子参与到食材的选择和菜品的确定中，增加他对食物的兴趣。

> **例如** 可以一起查看食谱、逛超市挑选食材，在这个过程中，和孩子讨论不同食材的特点、营养价值以及可以制作的美食。如果孩子喜欢某种卡通形象，可以根据其特点选择相关食材，比如制作小熊形状的豆沙包，用巧克力豆做眼睛和鼻子。

2. 创造温馨的用餐氛围

营造一个舒适、温馨的用餐环境，例如播放轻音乐、摆放鲜花等，让孩子感受到吃饭的乐趣。关闭电视和手机等电子设备，专注于享受美食，和家人共度美好时光。

> **例如** 可以使用漂亮的餐具、餐垫，为餐桌增添色彩，让用餐环境更具吸引力。同时，家长可以在餐桌上分享一些有趣的话题，如当天的趣事、有趣的新闻等，引导孩子参与讨论，使用餐时间成为愉快的家庭交流时光。

3. 亲子共同烹饪

周末或假期，家长可以和孩子一起制作一些简单的美食，例如比萨、饼干、蛋糕等。让孩子参与到制作过程中，体验烹饪的乐趣，并增进亲子之间的感情。

第四章
多彩时光，用创意活动点亮家庭生活

例如 在制作过程中，给孩子分配适合他年龄的任务，如搅拌面糊、撒配料、装饰成品等。可以一边制作一边讲解食材的变化和烹饪的原理，让孩子在实践中学习。比如制作比萨时，可以让孩子自己选择喜欢的配料，然后一起把面饼铺好，放上配料，孩子会对自己参与制作的比萨更有食欲。

欢乐亲子美食工坊

1. 小小烘焙师

家长可以和孩子一起制作一些简单的烘焙食品，例如饼干、蛋糕等。从揉面、塑形到烘烤，每一个步骤都能让孩子体验到动手的乐趣，并享受到亲手制作美食的成就感。

2. 创意水果拼盘

利用各种颜色鲜艳的水果，和孩子一起发挥创意，拼出各种有趣的图案，例如小动物、卡通人物等。这不仅能培养孩子的动手能力和创造力，还能让孩子爱上吃水果。

3. 专属菜单

让孩子设计一份自己的专属菜单，家长可以根据孩子的喜好和营养需求，协助他完成菜单的设计，并一起制作菜单上的菜肴。这不仅能培养孩子的自主性和创造力，还能让他更好地了解食物的营养。

参观博物馆：感受艺术与文化的熏陶

 故事回顾：历史与"电子保姆"的较量

乐宝原本是个聪明伶俐又好学的孩子，脑袋里仿佛装着无数个小问号，对周遭的一切都怀揣着满满的探索欲。然而，不知从何时起，乐宝被手机里那光怪陆离的虚拟世界深深吸引住了，一有空闲时间，就紧盯着手机屏幕，沉浸其中无法自拔。

眼见乐宝的变化，爸爸妈妈心急如焚，于是，这个周末，他们精心策划了一场"文化拯救行动"，带乐宝去参观市博物馆，期望借助历史与艺术的强大魅力，让乐宝重新拥抱丰富多彩的现实生活。

第四章
多彩时光,用创意活动点亮家庭生活

📍 小朋友遇到了什么问题?

1. 缺乏现实体验

手机虽然能提供丰富的信息,但无法替代亲身体验带来的深刻感受和知识积累。博物馆里的展品是历史的见证,是文化的载体,只有亲眼看到、亲手触摸、亲耳听到讲解,才能真正感受到它们的魅力。乐宝在手机里看到的恐龙化石只是平面的图像,而在博物馆里,他能近距离观察化石的每一个细节,感受到它的巨大和历史的厚重。这种现实体验是手机无法替代的。

2. 文化感知力下降

过度依赖手机会让人跟现实世界脱节,手机里的东西跟真实世界不太一样。总是在手机上找信息,可能会让我们对现实环境的感知变差,文化感知力也会下降。比如说,博物馆里的真东西能激起好奇心和想象力,但手机里的虚拟内容可能会让乐乐对历史、艺术和文化不那么敏感,影响综合素质的提高。

趣味心理测评:你家孩子和现实脱节了吗?

请根据孩子在日常生活中与现实的互动表现,对以下项目进行打分(1~10分,分数越高表示"与现实脱节"倾向越严重)。

项目	互动表现	程度打分(1~10)
现实活动缺席王	孩子对现实中的活动(如户外运动、家庭聚会、参观博物馆等)提不起兴趣,更愿意待在家里玩手机或电子设备。	

续表

项目	互动表现	程度打分（1~10）
虚拟世界常驻民	孩子每天花费大量时间在手机游戏、社交媒体或视频平台上，甚至忽略了吃饭、睡觉等基本生活需求。	
现实交流沉默者	在与家人、朋友或老师交流时，孩子常常表现得心不在焉，更愿意使用手机聊天或玩游戏，而非进行面对面沟通。	
现实体验绝缘体	孩子对现实中的新鲜事物（如新玩具、新活动、新知识）缺乏兴趣，更愿意沉浸在虚拟世界中。	
现实情感淡漠者	孩子对现实中的情感互动（如家人的关心、朋友的陪伴）反应冷漠，更愿意在虚拟世界中寻找情感寄托。	
现实创造力缺失者	孩子在现实生活中缺乏创造力和动手能力，更愿意在虚拟世界中完成"任务"或"成就"。	

结果分析：

0~15分：恭喜！你家孩子与现实世界的连接非常紧密，能够积极参与现实活动，享受生活中的各种乐趣。

16~35分：你家孩子对虚拟世界有一定的依赖性，但尚未完全脱离现实。可以通过增加现实活动、减少电子设备使用时间来帮助他更好地平衡虚拟与现实。

36~60分：你家孩子"与现实脱节"的倾向较为明显，需要引起重视。建议家长通过引导、陪伴和互动，帮助孩子重新建立与现实的连接，避免过度沉迷于虚拟世界。

第四章
多彩时光，用创意活动点亮家庭生活

问题分析站：依赖"电子保姆"的信号

1. 频繁掏手机

孩子在参观博物馆时，虽然人在展厅，但心思却完全在手机上，眼睛不停地注视手机屏幕。他往往走马观花地看展品，甚至不记得自己看到了什么。这种状态下，参观只是一种形式，文化和艺术对于他来说失去了应有的吸引力，知识的获取自然不足。

2. 不耐烦

孩子在博物馆内表现出明显的不耐烦，总是催促家长快点结束参观，以便早点回到手机的世界。他无法静下心来欣赏和学习，甚至对展品背后的故事毫无兴趣。

3. 心不在焉

有些孩子即使在参观时不玩手机，也会因为想着手机里的内容而心不在焉，无法真正欣赏展品的魅力。他们的心思完全被手机内容占据，虽然

身处博物馆,却仿佛灵魂出窍,对眼前的艺术和文化毫无感知,不能体会到参观的乐趣,自然也没有收获。

4. 独自游离

有些孩子沉迷手机,甚至不愿意与家人一起参观,更喜欢独自躲在角落里一边玩手机一边"参观"。这种行为不仅使亲子间的交流机会减少,还可能让孩子养成孤僻的性格。同时,在无人引导的情况下,他们对文化和艺术的理解可能很肤浅。

5. 拍照打卡

有些孩子虽然会去参观博物馆,但目的只是为了"打卡",而不是真正欣赏展品。他们走马观花,快速拍完照片后就继续玩手机,没有深入了解展品背后的故事。这种"打卡式"参观不仅浪费了学习机会,还让孩子错

失了感受文化的机会。

行动指南：家长如何变身文化"引路人"

1. 共同制订参观计划

家长可以和孩子一起制订参观博物馆的计划，让孩子参与到博物馆的选择、参观路线的规划和重点展品的确定中，增加他对参观的期待和兴趣。

> 例如 可以一起在网上搜索博物馆的信息，查看各个博物馆的特色展览和藏品，然后根据孩子的兴趣和时间安排选择合适的博物馆。在规划参观路线时，可以让孩子选择几个自己最想看的展品，然后围绕这些展品设计路线，让孩子有目标地参观。

2. 创造有趣的参观氛围

营造一个轻松、有趣的参观环境，如提前了解一些与展品相关的有趣故事或历史背景，在参观过程中讲给孩子听。还可以和孩子一起讨论展品的特点、历史意义以及自己的感受，引导孩子积极思考。

> 例如 家长可以鼓励孩子提出自己的问题和想法，一起寻找答案，可以问孩子"你觉得这个文物是什么年代的？""这个文物有什么用途？"等问题，引导孩子观察和思考。还可以鼓励孩子向讲解员提问，了解更多关于展品的信息。

3. 亲子互动体验

在博物馆中，家长可以和孩子一起参与一些互动体验项目，例如手工制作、模拟考古、文物修复等，让孩子亲身体验文化和艺术的魅力，增进亲子之间的感情。

> **例如** 在参观美术馆时，可以让孩子参与一些绘画或手工制作活动，模仿大师的作品或创作自己的作品，培养孩子的创造力和审美能力。

4. 制作参观笔记

参观结束后，家长可以和孩子一起回顾参观内容，让孩子在手册上记录下看过的展品和学到的知识，增加参观的趣味性和参与感。

> **例如** 可以和孩子一起整理参观过程中拍摄的照片，制作成电子相册，并配上文字说明，记录参观的收获和感受。还可以鼓励孩子将参观的见闻写成日记或作文，加深对知识的理解和记忆。

欢乐亲子创意工坊

1. 小小讲解员

让孩子扮演"小小讲解员"，为家长讲解他感兴趣的展品。这不仅能锻炼孩子的表达能力，还能加深他对展品的理解。

2. 艺术创作工坊

参观结束后，家长可以和孩子一起进行艺术创作，例如绘制展品的素描、制作手工艺品等。

3. 文化知识竞赛

家长可以和孩子一起举办一场"文化知识竞赛"，根据博物馆的展品设计问题，看看谁答对得更多。这不仅能巩固孩子的学习成果，还能让参观变得更有趣。

第五章

智慧小船，引领孩子爱上学习

点燃学习热情：将手机变为学习好帮手

 故事回顾：被"诱惑"的学习之心！

洋洋最近迷上了一款新手游，每天放学回家第一件事就是打开手机，一头扎进游戏世界。妈妈喊他吃饭，他故意装作听不到，爸爸让他做作业，他也是草草应付。看到考试成绩时，这才意识到，手机已经变成了他学习的"劲敌"。

📍 小朋友遇到了什么问题？

1. 学习效率下降

洋洋沉迷于手机游戏，导致学习时间减少，如果在课堂上也总是想着

第五章
智慧小船，引领孩子爱上学习

游戏就会无法集中注意力听讲，成绩自然会受到影响。

2. 学习动力减弱

手机的娱乐内容吸引了洋洋，降低了他学习的积极性和主动性，导致他更倾向于轻松地娱乐而非努力学习，严重影响学业。

趣味心理测评：手机是"学习助手"还是"学习杀手"？

想知道手机对你学习的影响吗？快来瞧瞧下面的趣味测评吧！

情景描述	选项A	选项B	选项C
当你在写作业或复习功课时，手机消息提示音或新推送出现，你会怎样？	完全不受影响，继续学习。	稍微分心，但能很快回到学习。	被吸引过去，要过一会儿才继续学习。
你平时使用手机，哪种类型的应用花费时间最多？	学习类APP（如学习课程、知识拓展等）。	娱乐和学习类差不多。	娱乐类（游戏、搞笑视频等）远超学习类。
当你在学习中遇到难题时，你会？	先自己思考，实在不会再用手机查资料或寻求帮助。	有时自己思考，有时用手机搜索答案。	立刻用手机找到答案，不管自己能不能解决。
每天你花在学习上的时间和玩手机的时间相比？	学习时间远多于手机使用时间。	两者差不多。	手机使用时间远多于学习时间。
你有没有因为玩手机而打乱自己的学习计划？	从来没有，我能很好地控制。	偶尔会有，但能及时调整。	经常会，手机总是让我改变计划。

结果分析：

选A较多，说明手机对你来说更像是学习助手。

选B较多，手机对你学习的影响有点多了，需要注意调整。

选C较多，那手机可能已经成了学习杀手，要好好改变这种情况啦。

 **问题分析站**：手机对学习的影响方式

1. 社交依赖

有些孩子虽然不玩游戏，但沉迷于手机社交，不断地刷朋友圈、看短视频，花费大量时间在无意义的社交活动上。

2. 拖延学习

有些孩子会以玩手机为借口拖延学习。他会对自己说"再玩一会儿就去学习"，但这个"一会儿"往往会变得很长，导致学习任务不断积压。

第五章
智慧小船，引领孩子爱上学习

3. 依赖手机答案

有的孩子一碰到学习上的问题，会立刻在手机上找答案，完全不给自己大脑一个思考和探索的机会。长此以往，会丧失独立思考和解决问题的能力。

行动指南：家长如何让手机助力孩子学习

1. 筛选学习类 APP

家长应当积极和孩子一起挑选学习类 APP。在挑选时，要充分考虑

APP 的内容是否丰富、形式是否新颖有趣。对于不同学科领域，可以有针对性地选择。

> **例如** 在语言学习方面，有那些不仅能教发音、词汇，还带有趣味故事和情景对话的 APP；数学思维训练类 APP 包含各种有趣的数学谜题和互动游戏，像数字解谜、图形拼接等，让孩子在玩的过程中锻炼逻辑思维。

2. 设定学习奖励机制

当孩子在学习过程中有出色表现时，比如在规定时间内认真完成作业、作业准确率高、主动预习复习等，就可以给予他一定的手机使用时间作为奖励。但要引导他使用一些有意义的功能，如观看在线课程、查阅学习资料等。

> **例如** 当积累到一定数量的小奖励后，孩子可以兑换更大的奖励，如一本喜欢的书籍或者一次户外活动，以此激励孩子不断提高学习兴趣。

3. 培养专注力

在学习时，家长要以身作则，将手机放在远离学习区域的地方，减少干扰，给孩子创造一个专注的学习环境。可以设定专门的学习时间段，在这段时间内，保持环境安静，让孩子专注于学习，家长也应避免使用手机。

此外，家长可以引导孩子进行一些有助于提升专注力的活动，例如阅读、绘画、益智游戏等，培养孩子良好的学习习惯，减少对手机的依赖。

1.知识竞赛擂台

家长可以和孩子一起在手机上搜索一些有趣的知识竞赛类APP,然后进行家庭知识竞赛。题目可以涵盖各个学科的知识、生活的常识等。通过这种方式,不仅能激发孩子对知识的探索欲望,还能让他感受到手机可以作为学习知识的工具。

2.学习计划打卡秀

家长和孩子一起制订一个学习计划,并利用手机的日历或者打卡类APP进行记录。孩子每天完成学习任务后,在相应的APP上打卡。这不仅可以培养孩子的自律能力,还能让他看到自己的学习成果,增强学习动力。

3.学科趣味挑战

利用手机的拍照功能和图像处理软件,家长可以与孩子一起玩学科趣味挑战游戏。例如,可以拍摄一些与数学问题相关的场景,如停车场的车辆排列,让孩子通过手机照片来解决数学问题,将学习与生活实践相结合,提高孩子对学科知识的应用能力。

适度管理：教会孩子自主管理和学习

 故事回顾：时间被"小淘气"偷走啦！

萌萌要参加学校的演讲比赛啦！她准备通过网络查找演讲的相关资料。可是，她刚一打开搜索引擎，就被各种五花八门的新闻吸引住了。她忍不住点开一个又一个新闻，从逗趣的段子到最新的娱乐八卦，她看得不亦乐乎。等她回过神来，几个小时就这么溜走了，而她的演讲稿竟然连一个字都没写！

第五章
智慧小船，引领孩子爱上学习

📍 小朋友遇到了什么问题？

1. 时间管理能力缺失

小朋友在面对手机娱乐的诱惑时，无法合理安排自己的时间。这表明他缺乏对时间的规划和把控能力，不能有效控制学习和娱乐的时间，使得学习计划和任务常常被搁置，影响了学习进度和效果。

2. 自律和自我约束不足

小朋友知道自己有学习任务，但在手机的吸引下，难以自律地完成学习任务。这种自律和自我约束的不足，会使他在学习过程中频繁分心，长期发展可能会养成不良的学习习惯，缺乏自我管理的意识。

趣味心理测评：你家孩子会"时间管理"吗？

想知道你家的孩子是不是"时间管理小达人"，快来对照一下下面的测试表吧！

拖延症状	具体表现	程度打分（1~10分）
总是拖延学习任务	放学后总是先玩手机，再写作业，经常拖到很晚。	
无法抵抗手机诱惑	即使知道应该先完成作业，但总是忍不住拿起手机玩一会儿。	
计划总是落空	制订了学习计划，但总是因为玩手机而未能按时完成。	
熬夜玩手机	晚上熬夜玩手机，导致第二天上课注意力不集中，精神萎靡。	

结果分析：

4~10分：孩子，你在时间管理方面表现得很不错哦！继续保持这样的状态，你会越来越优秀，成为真正的"时间管理小达人"。

11~20分：孩子，你在时间管理上出现了一些小问题。你可以尝试给自己制定一个严格的学习时间表，规定好学习和玩手机的时间，并且请爸爸妈妈监督自己。慢慢地，你就能学会控制自己，合理安排时间啦。

21~30分：孩子，看来你在时间管理方面需要加把劲哦。从现在开始，你可以把手机交给爸爸妈妈保管，在完成学习任务后再玩。同时，给自己设定一些小目标，每按时完成一个任务，就给自己一个小奖励。相信通过这些方法，你能逐渐提高自己的时间管理能力。

问题分析站：时间管理不当的原因

1. 缺乏计划

这类孩子做事没有计划，想到哪里做到哪里，缺乏条理性。不太会安排时间，结果时间就悄悄地从指尖溜走了，效率当然就不高了。

2. 计划落空

孩子制订了详细的学习计划,但总是因为玩手机而无法按时完成。他虽然有自我管理的意识,但缺乏坚持执行的毅力。

3. 容易动摇

孩子在学习时,虽然心里知道应该先完成学习任务,但抵挡不住手机的诱惑,就很容易动摇。他可能会给自己找借口,比如说只玩几分钟,但往往一玩就停不下来,导致学习时间被大量占用。

行动指南：家长如何帮助孩子学会自主管理

1. 引导制订计划

家长可以和孩子一起制订每天的日程安排，把学习时间和手机使用时间明确划分出来。制订好计划后，让孩子把它写下来或者画出来，贴在显眼的地方，督促孩子按计划执行。

> **例如** 放学后先休息15分钟，然后用1个小时完成作业，完成作业后可以玩20分钟手机。如果孩子能够坚持执行计划一周，可以给予适当的奖励，如一个小贴纸或者一颗小星星，积累一定数量后可以兑换孩子喜欢的礼物。

2. 培养自律意识

帮助孩子营造易于自律的环境。可以和孩子一起设置一些规则，比如学习时把手机放在另一个房间，或者设置为静音模式并放在看不见的地方。当孩子在学习过程中被手机诱惑时，教他一些自我控制的方法。

> **例如** 深呼吸、在心里默数10个数，让自己冷静下来，然后继续学习。家长要多鼓励孩子，当他成功抵御一次手机诱惑，要及时表扬。

3. 鼓励自我监督

家长可以引导孩子进行自我监督。让孩子自己记录每天的手机使用和学习的情况，通过这种方式，让孩子逐渐学会对自己的行为负责，提高自主管理能力。

> **例如** 每天玩了几次手机，每次玩了多长时间，学习任务完成得怎么样等。每周和孩子一起回顾这些记录，看看哪些地方做得好，哪些地方需要改进。

第五章
智慧小船，引领孩子爱上学习

1. 时间管理挑战赛

家长和孩子一起参与这个挑战赛。设定一个特定的时间段，比如一个小时。在这个小时内，孩子要完成一些学习任务（如做数学题、背诵课文等），同时可以安排短暂的休息时间，要合理控制。家长和孩子同时开始，看谁能更好地管理时间，在规定时间内高质量地完成任务。比赛结束后，和孩子一起讨论在过程中遇到的问题和解决方法，帮助孩子提高时间管理能力。

2. "自律之星"评选

每周家长和孩子一起评选一次"自律之星"。制定评选标准，如在学习时能主动放下手机、按照计划完成学习任务、积极进行自我监督等。如果孩子在这一周内表现优秀，获得"自律之星"称号，可以给予一定的奖励，如一次家庭出游或者一本喜欢的书籍。通过这种方式，激发孩子的自律意识和竞争意识。

3. 学习与娱乐平衡规划

家长和孩子一起坐下来，用图表或者表格的形式规划一周的学习和娱乐时间。先列出所有的学习任务和娱乐活动，然后根据重要性和时间安排合理分配时间。在规划过程中，引导孩子思考如何在保证学习时间的前提下，合理安排手机使用等娱乐时间。完成规划后，让孩子在这一周内按照规划执行，周末时一起回顾执行情况，对规划进行调整和优化。

游戏化学习：通过游戏减轻学习压力

故事回顾：被学习"压垮"的快乐！

小萱一直是个勤奋的小孩，不过最近她有点儿闷闷不乐。每次她坐到书桌前，看到那一大堆书，就感觉自己好像被一座山压着，学习对她来说变成了折磨。那些枯燥的公式和复杂的题目让她头晕，学习效率越来越差。更糟糕的是，她本来想用手机查查解题方法或者复习资料，结果总是被手机上好玩的东西吸引，不知不觉就玩了很久，学习的时间越来越少，压力也越来越大了。

第五章 智慧小船,引领孩子爱上学习

📍 小朋友遇到了什么问题?

1. 学习压力过大

小萱面临着繁重的学业任务,大量的知识需要吸收和理解,导致她心理压力剧增。这种压力让她在学习过程中产生了负面情绪,使学习的乐趣逐渐消失,影响了她的学习积极性和主动性。而且,手机上的娱乐信息成了干扰她学习的因素,加剧了压力。

2. 学习方式枯燥

传统的学习方式,如死记硬背公式、反复做练习题,让小萱觉得学习过程枯燥乏味。缺乏趣味性的学习方式无法激发她的学习兴趣,降低了学习效率,也让她对学习产生了抵触情绪。同时,不合理地使用手机获取知识,没有发挥手机作为学习工具的作用。

趣味心理测评:你家孩子在学习中快乐吗?

想知道你家孩子在学习中有没有压力,快来对照一下下面的信号表吧!

压力症状	具体表现	程度打分(1~10分)
感到焦虑和紧张	一想到学习就感到焦虑、紧张,甚至出现头痛、肚子痛等身体不适。	
对学习失去兴趣	以前喜欢的科目现在也不感兴趣了,学习变得被动和消极。例如更喜欢观看手机中的娱乐视频。	
睡眠质量下降	晚上难以入睡,或者经常做噩梦,导致睡眠不足,影响学习效率。	

续表

压力症状	具体表现	程度打分（1~10分）
情绪变化不稳定	因为学习压力大，容易发脾气，与家人和同学的关系也变得紧张。例如玩手机时若被打扰，脾气会变得更差。	

结果分析：

4~10分：孩子，目前看来你在学习中的压力比较小，整体状态较为轻松愉快。虽然偶尔可能会有一些小情绪，但这并不影响你对学习的热爱。继续保持这种良好的心态，你会在学习中收获更多的知识和快乐。

11~20分：孩子，你在学习中已经感受到了一定程度的压力。这些压力开始影响你对学习的兴趣，也让你的情绪有些不稳定。你可以尝试和爸爸妈妈或者老师说一说自己的烦恼，他们会帮助你找到缓解压力的方法。

21~30分：孩子，你的学习压力有点超出了哦。你可以尝试一些放松的方法，比如听音乐、做运动、深呼吸等。也可以和同学一起学习，互相鼓励，共同进步。相信只要你积极面对，一定能减轻学习压力，重新找回学习的快乐。

问题分析站：学习压力大的信号

1. 情绪低落

这类孩子在面对学习任务时，总是情绪低落。他觉得学习是一种负担，每次开始学习前就会唉声叹气，学习过程中也很难打起精神，即使完成了学习任务，也没有成就感。手机往往成为他逃避学习压力的工具，却也让他陷入更深的消极情绪中。

2. 身体不适

有些孩子在面对学习压力时，会出现头痛、肚子痛、恶心等身体不适症状。这是压力过大的一种表现，需要家长及时关注和疏导。

3. 焦虑

这类孩子对学习成绩非常在意，总是担心自己考不好，会不断地给自己施加压力。可能会出现失眠、食欲不振、情绪低落等症状，还会频繁通

过玩手机来分散焦虑，但效果适得其反。

这次考试好难啊，我肯定考不好……

行动指南：家长如何成为孩子的学习"减压师"

1. 引入趣味学习游戏

家长可以寻找一些适合在手机上玩的，与学习内容相关的趣味游戏。有很多优质的语文学习APP，例如里面包含猜字谜、成语接龙游戏；数学学习类APP则包含数字解谜游戏、数学闯关游戏等。这些游戏把知识融入其中，让孩子在玩手机的过程中也能学习。

> **例如** 数学闯关游戏中，每一关都需要运用数学运算和逻辑推理来通过，孩子在闯关的同时，巩固了数学知识，而且游戏的趣味性会让孩子更愿意参与，同时减少因纯粹娱乐而使用手机的时间。

2. 鼓励合作学习游戏

组织一些合作式的学习游戏活动，可以借助手机的功能。比如可以邀请孩子的同学或朋友一起参与线上小组知识竞赛游戏。在游戏中，孩子需要合作回答问题，这种团队合作的方式不仅能减轻孩子的学习压力，还能培养他们的团队协作能力和沟通能力。

例如 举办一场历史知识竞赛,每个小组的孩子通过手机视频会议一起回答关于历史事件、人物等方面的问题,通过游戏的方式激发孩子对历史知识的学习兴趣,同时让孩子意识到手机可以成为学习的好帮手。

欢乐亲子创意工坊

1. 知识大富翁

家长和孩子一起制作一个"知识大富翁"游戏棋盘。棋盘上的每个格子都设置不同的学习问题,涵盖各个学科知识。孩子通过掷骰子(可以用手机上的虚拟骰子功能)前进,到达某个格子后要回答相应的问题,如果回答正确可以获得小奖品或者前进的机会,如果回答错误则要暂停一次。通过这种方式,让孩子在游戏中快乐地学习知识,减轻孩子的压力。

2. 学科角色扮演

根据不同的学科内容,家长和孩子可以进行角色扮演游戏。比如,在学习英语时,可以扮演不同的角色进行情景对话;在学习科学时,可以扮演科学家进行实验演示和讲解。这种角色扮演游戏可以让孩子更深入地理解学科知识,同时也增加了学习的趣味性。

3. 创意学习拼图

家长可以购买一些空白拼图或者和孩子一起制作拼图。可以在拼图的每一块上写上学习内容,如单词、公式、历史事件等。孩子在拼图的过程中,需要将这些内容正确组合起来,完成拼图的同时也复习了知识。而且,拼图的形式可以激发孩子的创造力和动手能力,减轻学习压力。

游戏中的智者：在玩乐中提升创造力与智力

 故事回顾：小脑袋里的"创意工厂"罢工了！

天天总是沉迷于那些只需点点屏幕的简单游戏。有一次，学校组织创意手工比赛，其他小朋友都积极地开始构思和制作，有的用彩纸折出了精美的花朵，有的用木棒搭建了小房子。只有天天拿着材料愣在那里，不知道从哪儿下手。

📍 小朋友遇到了什么问题？

1. 创造力受限

天天长期沉迷于单一模式的手机游戏，这些游戏不需要太多的思考和创意，导致他的思维逐渐僵化。当面对需要发挥创造力的任务时，他缺乏灵感和想法，不能像其他小朋友那样积极地构思和创造。

2.智力发展受阻

简单的手机游戏无法有效刺激天天的智力发展，如逻辑思维、空间想象、问题解决等能力。在需要运用这些能力的情境中，他表现出明显的能力不足，这也会影响他在学习和生活中的表现。

趣味心理测评：你的孩子想象力丰富吗？

想激发孩子无限创意，快来看看以下几个信号，你家孩子中了几条？

测评项目	具体表现	得分情况
好奇程度	对新事物充满好奇，喜欢问"为什么"。	+1分
思维特点	经常有一些奇思妙想，即使有些不切实际。	+1分
实践意愿	喜欢动手尝试新事物，不怕失败。	+1分
思维模式	总是按照固定的方式思考和做事，缺乏变通。	-1分
兴趣范围	只对特定的事物感兴趣，对其他事物漠不关心。	-1分

结果分析：

3分：恭喜！你家宝贝想象力极为丰富。

0~2分：你家宝贝具备一定想象力，但还有提升空间。

-1~-12分：目前来看，宝贝想象力较为匮乏。

问题分析站：是什么扼杀了孩子的想象力？

1. 电子屏幕的诱惑

孩子在观看电子屏幕时，往往是被动接受信息的一方。无论是短视频快速闪过的画面、游戏中既定的情节与玩法，还是各种应用程序所提供的直接答案，都无须孩子主动去思考、去想象。

2. 低挑战依赖

孩子沉迷于简单、低难度的游戏，这些游戏不需要太多的脑力投入。长期处于这种舒适区，当遇到有难度、需要创造力和智力的游戏或任务时，孩子就会退缩或者不知所措。

行动指南：点燃创意的小火花

1. 多元游戏体验

为孩子提供多种类型的游戏，避免他局限于某一种。可以将手工制作、户外运动等也看作是一种游戏形式。

> 例如 玩寻宝游戏，家长在户外设置一些线索，孩子需要通过观察、思考来找到宝藏，这样能锻炼他的观察力、逻辑思维和解决问题的能力。定期更换游戏类型，让孩子不断接触新的挑战，激发他的智力发展。

2. 培养问题解决能力

当孩子在游戏中遇到问题时，家长不要急于给出答案。可以引导孩子分析问题，比如问孩子"你觉得这个问题和之前遇到的有什么相似之处呢？"或者"我们可以尝试用哪些方法来解决呢？"

> 例如 在玩游戏的过程中，鼓励孩子尝试不同的解决方案，培养他独立思考和解决问题的能力。例如，在玩数学游戏时，如果孩子遇到难题，家长可以引导他回顾所学的数学知识，尝试运用不同的公式和方法来解题。

3. 建立游戏与现实的联系

家长要帮助孩子将游戏中的经验和思维运用到现实生活中。

> 例如 家长和孩子一起模拟家庭超市购物，让孩子负责计算价格和规划购物清单，将游戏中的经营和计算思维迁移到现实中。

1. 创意游戏改编大赛

家长和孩子一起选择一个简单的传统游戏，然后尝试对其进行改编。比如将传统的猜数字游戏改编成有故事背景的猜数字冒险游戏，增加更多的线索和规则变化。在改编过程中，鼓励孩子发挥想象力，提出新的创意和规则，然后一起玩改编后的游戏，这个活动可以激发孩子的创造力和对游戏设计的理解。

2. 家庭版"密室逃脱"

家长可以利用家里的空间和一些简单的道具，设计一个家庭版的"密室逃脱"游戏。设置各种谜题、线索和机关，让孩子在房间里寻找线索、解开谜题，最终找到"出口"。这不仅能锻炼孩子的观察力、逻辑思维能力，还能让他在紧张刺激的氛围中享受游戏的乐趣，提升解决问题的能力。

3. 游戏故事创作与表演

家长和孩子一起根据某个游戏的主题创作一个故事，然后通过角色扮演的方式将故事表演出来。在这个过程中，孩子需要发挥创造力构思故事情节，同时还能锻炼语言表达和表演能力。比如以一款冒险游戏为蓝本，创作一个新的冒险故事，在表演中体验游戏中的智慧、挑战和情感变化，将游戏中的元素转化为现实中的创意表达。

第六章

激活多元智能,从指尖到大脑的奇妙变身

用手机创作音乐、绘画或创编故事

 故事回顾：被手机"封印"的创造力

小洋葱最近觉得自己好像被施了魔法，他的创造力似乎被手机"封印"了！有一天，学校宣布要举办一场"超级创意大赛"，要求每个小朋友发挥想象力，创作一个独一无二的作品。小洋葱听到这个消息时，一阵激动，但很快又陷入了迷茫。

他的大脑似乎已经习惯了手机游戏带来的即时刺激，而忘记了如何去创造属于自己的东西。看着其他小朋友兴奋地讨论着自己的创意，有的说要做一个会飞的机器人，有的说要画出未来的城市，小洋葱却只能坐在角

第六章
激活多元智能，从指尖到大脑的奇妙变身

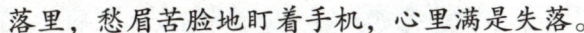

落里，愁眉苦脸地盯着手机，心里满是失落。

📍 小朋友遇到了什么问题？

1. 创造力被"封印"

小洋葱过度依赖手机游戏和视频，导致他的大脑习惯了被动接受信息，而不是主动思考。手机里的内容虽然有趣，但它们就像一块"魔法石"，吸走了小洋葱的想象力。当他需要自己动手创作时，发现脑子里空空如也，完全不知道从哪里开始。

2. 认知偏差

小洋葱一直局限地认为手机是用来玩游戏和看视频的娱乐工具，从未意识到手机其实蕴含着强大的创作潜力。他不知道自己可以用手机录制美妙的歌声、创作精美的数字画，甚至编写有趣的故事。

趣味心理测评：你的孩子是"创作小能手"吗？

快来对照一下下面的信号表，看看孩子对手机的使用更倾向于哪一种吧。

信号表现	具体描述	程度打分（1~10分）
经常用手机创作	会主动用手机的绘画软件画画、音乐软件创作音乐或用写作软件写故事等，每周至少有3次。	
偶尔用手机创作	偶尔会在手机上进行一些简单的创作，如给画好的画添加颜色、用音乐软件改编一段旋律、写一小段故事等，每月1~2次。	

续表

信号表现	具体描述	程度打分（1~10 分）
从不主动创作	几乎从未在手机上进行过任何创作活动，只用手机玩游戏、看视频等。	

结果分析：

3~10 分：孩子，看起来手机更多地被你用来娱乐啦。其实手机上的创作软件可有趣了，你可以试着打开绘画软件，随意涂鸦；或者用音乐软件录下自己哼的小曲。说不定你会发现自己在创作方面有着很棒的天赋，开启一段奇妙的创作之旅呢。

11~20 分：孩子，你已经有了一些小尝试，这很棒！不过创作的频率还可以再提高一些哦。你可以给自己制订一个小计划，比如每周尝试一次新的创作。每次创作都是一次发挥想象力的机会，随着不断地练习，你会越来越熟练，创作出更精彩的作品。

21~30 分：孩子，你简直就是"创作小能手"！继续保持这份热情，不断探索各种创作软件的功能，尝试不同的创作风格。相信你的作品会越来越出色，说不定还能成为大家眼中的小艺术家、小作家或者小音乐家呢！

 **问题分析站**：孩子缺乏创造力的表现

1. 沉迷娱乐，忽视创作

有些孩子虽然有手机，但只把它当作娱乐工具，沉迷于游戏和视频，完全忽视了手机作为创作工具的潜力。他们可能会花大量时间在手机上，却从未尝试过用手机进行任何有意义的创作活动。

第六章
激活多元智能,从指尖到大脑的奇妙变身

2. 缺乏自信,不敢尝试

有些孩子对用手机进行创作有一定的兴趣,但因为缺乏自信或害怕失败,迟迟不敢尝试。他可能会觉得自己的作品不够好,或者担心被别人嘲笑,因此不敢尝试。

1. 引导与启发

家长可以引导孩子探索手机的其他功能,让孩子意识到手机不仅仅是娱乐工具,它还可以成为创作的"魔法棒"!同时,和孩子一起讨论作品的创作思路和方法,引导他思考如何用手机进行创作。

> **例如** 用手机录制一段自己的歌声、画一幅数字画,或者写一个有趣的故事。也可以向孩子展示一些用手机创作的优秀作品,如有趣的绘画、动听的音乐或精彩的故事,激发他的兴趣和好奇心。

2. 从生活中寻找灵感

家长可以和宝贝一起制作一个"灵感收集日记",每天记录下生活中的有趣瞬间,并用手机拍照、录音或绘画的方式保存下来。这样不仅能帮助宝贝积累创作素材,还能让他学会观察和思考。

> **例如** 看到一朵花,可以鼓励孩子用手机拍下来,然后画成一幅画;听到一段音乐,可以让他尝试用手机录下自己的哼唱。

3. 提供资源与培训

帮助孩子下载适合他年龄和水平的绘画、音乐、写作等创作软件,并教他如何使用。

> **例如** 如果有条件,可以为孩子报名参加一些线上或线下的手机创作课程,让他接受专业的指导和培训。

第六章
激活多元智能,从指尖到大脑的奇妙变身

1. 手机摄影大赛

全家一起参与一场有趣的手机摄影大赛,大家可以共同设定一个主题,比如"我的家人",捕捉家人之间的温馨时刻、有趣的表情和互动;还可以是"有趣的瞬间",记录生活中那些让人忍俊不禁的搞笑时刻。然后大家一起欣赏和比较,看看谁拍的照片更有创意,更能展现主题。

2. 手机故事接龙

一家人围坐在一起,开启一场充满乐趣的手机故事接龙游戏。可以根据孩子的年龄和兴趣选择不同的故事主题,通过这种方式,不仅能锻炼孩子的创造力和想象力,还能增进家庭成员之间的互动和感情。

3. 手机音乐创作

利用手机上的音乐创作APP,和孩子一起创作一段简单的音乐。可以是一首温馨的歌曲,表达对家人的爱;也可以是一首欢快的儿歌,让大家一起跟着哼唱。在创作过程中,让孩子体验音乐创作的乐趣。

4. 家庭创意展览

家长可以和孩子一起举办一场家庭创意展览,展示他用手机创作的作品。比如,播放他录制的音乐、展示他绘制的数字画,或者朗读他写的故事。这样不仅能增强孩子的自信心,还能让他感受到创作的乐趣。

教孩子识别网络风险，保护隐私

 故事回顾：贝贝遭遇"网络诱惑"

贝贝在一款热门游戏里结识了一位志同道合的"新朋友"。彼此分享着游戏中的小技巧和生活里的趣事，贝贝觉得自己找到了真正懂他的伙伴，更加珍视这段友谊。然而，没过多久，这个朋友开始问贝贝一些奇怪的问题，比如"你住在哪里呀？""你爸爸妈妈什么时候不在家呢？"甚至还让贝贝发一张自己的照片。

贝贝皱起眉头，内心十分纠结。一方面，他心里的警钟已经敲响，直觉告诉他这些问题不该回答；另一方面，他又实在舍不得就这样失去这个陪他度过许多欢乐时光的朋友，万一对方没有恶意呢？

第六章
激活多元智能,从指尖到大脑的奇妙变身

📍 小朋友遇到了什么问题?

1. 隐私保护意识薄弱

贝贝尚未意识到姓名、年龄,还有极具隐私性的家庭住址、照片等,都是无比珍贵的"宝藏",一旦泄露,就可能如同打开了潘多拉魔盒,引发一系列难以预料的连锁反应。他没有充分考虑到这些信息落入坏人手中可能带来的严重后果,轻易地将自己暴露在风险之下。

2. 面对诱惑难以拒绝

孩子的内心往往单纯而渴望友谊,贝贝害怕因为拒绝"朋友"的要求而失去这段情谊,即便内心忐忑不安,察觉到异样,却还是不敢坚定地说"不"。这种心理弱点很容易被不法分子利用,让孩子在不知不觉中陷入危险的泥沼。

趣味心理测评:你的网络安全意识有多强?

快来测一测你家孩子对网络风险的认识吧,看看他能不能识破网络的"小陷阱"!

风险类型	具体表现	识别程度打分(1~10分)
不明链接风险	看到短信、邮件或网页中的奇怪链接,忍不住想点。	
隐私泄露风险	随意在网上填写个人信息,如姓名、年龄、学校等。	
网络交友风险	轻易添加陌生人为好友,还向网友透露过多个人隐私。	

结果分析：

4~10分：孩子，你的网络安全意识还有待提高哦，容易被一些看似有趣的东西吸引。从现在开始，要多学习网络安全知识，爸爸妈妈也可以帮你一起了解。记住，在网上要保护好自己，不要轻易做一些可能有危险的事。

11~20分：孩子，你已经有了一些网络安全意识，但在其他方面可能还需要注意，像网络交友和个人隐私保护方面。你可以给自己定一些上网规则，比如不随便加陌生人为好友，不随意透露隐私。多留意这些，你的网络安全意识会越来越强。

21~30分：孩子，你真厉害！你的网络安全意识很强，能很好地识别网络中的各种风险，知道怎么保护自己。继续保持这样的好习惯，同时也可以把你知道的网络安全知识分享给小伙伴们，让大家一起在安全的网络环境里快乐玩耍和学习。

**问题分析站：**网络风险的信号灯

1. 诱惑陷阱：闪闪发光的"毒糖果"

网络世界就像一个巨大的糖果屋，里面摆满了各种诱人的"糖果"：炫酷的游戏装备、可爱的卡通人物、免费的玩具和礼物……一旦你不能拒绝诱惑，就会泄露自己的个人信

小朋友，想要免费的糖果吗？

哇！好想要！

第六章
激活多元智能,从指尖到大脑的奇妙变身

息,就像掉进了陷阱一样,危险重重!

2. 虚拟身份:网络上的"千面人"

网络世界像一个热闹的化装舞会,每个人都戴着面具,可以扮演任何人。你看到的帅气"王子"可能是个怪叔叔,可爱的"小公主"也可能是坏蛋!就像屏幕上那些可以随意换来换去的头像,你很难知道面具背后是谁,他们说的话是真的还是假的。

行动指南:家长如何成为孩子的网络安全守护者

1. 安全上网规则

家长要和孩子一起制定详细的上网规则,明确规定每天上网的具体时长、注意保护隐私等。

> **例如** 列出一份适合孩子访问的白名单网站,涵盖学习类、益智类、科普类等有益身心健康的平台,严禁孩子涉足不良网站。可以将这些规则写下来,张贴在电脑、平板等设备旁边,时刻提醒孩子遵守。

2. 隐私保护教育

家长要化身智慧的导师,用生动有趣的方式教导孩子保护隐私,让孩子深刻认识到保护隐私的重要性。

> **例如** 可以和孩子一起玩"隐私保护大闯关"的游戏,设置各种场景,如收到陌生邮件索要信息、在社交平台发布照片等,让孩子判断对错并说明理由,强化他的隐私保护意识。

3. 开放沟通

家长要搭建一座与孩子心灵相通的桥梁,保持开放、畅通的沟通渠道。让孩子知道,无论在网络上遇到什么开心的、烦恼的、危险的事情,都可以第一时间向家长倾诉,家长不会批评指责,而是会和他一起解决问题。

> **例如** 每天安排一段"亲子聊天时间",主动询问孩子的上网体验,分享自己的网络经历,增进彼此的信任,让孩子在遇到网络风险时愿意主动寻求家长的帮助。

1. 网络安全角色扮演

家长和孩子可以进行角色扮演,模拟各种网络场景,例如陌生人加好友、收到不明链接等,练习如何应对。

示例场景:

家长扮演陌生人:"你好,我是你的新朋友,能告诉我你的名字和学校吗?"

孩子练习回答:"这是隐私,我不能告诉你!"

2.安全上网知识竞赛

家长可以准备一些与网络安全相关的题目,和孩子一起进行知识竞赛,寓教于乐。

示例题目:

如果陌生人问你的家庭住址,你该怎么做?

看到不明链接时,你应该点击吗?

3.制作网络安全海报

和孩子一起制作网络安全海报,将学到的知识用图画和文字表达出来,加深印象。

示例内容:

画一个戴着面具的坏人,旁边写上"不要相信陌生人!"

画一个闪闪发光的宝箱,旁边写上"免费礼物可能是陷阱!"

挣脱"手机枷锁"，开启科学探索之旅

故事回顾：可乐的转变契机

可乐是个不折不扣的"手机迷"。对他来说，手机就像一块美味的巧克力，散发着吸引力！一个阳光明媚的午后，可乐正玩得兴起，突然，手机上弹出一条关于中国空间站的新闻直播。咦，这是什么？好奇心驱使下，可乐点开了视频。哇！屏幕上，航天员叔叔、阿姨穿得像胖胖的白色机器人一样，在太空中轻飘飘地"飞来飞去"，像鱼儿一样自由自在！他们背后是深邃的宇宙，像一块巨大的黑幕，点缀着无数闪亮的星星，真是太神奇了！

爸爸，航天员叔叔、阿姨在太空不会迷路吗？他们在太空怎么吃饭、睡觉呀？

哈哈哈，这都多亏了空间站里先进的导航和生命保障系统。要是去航天博物馆，你能了解到更多细节，保证比玩手机有意思多啦！

第六章
激活多元智能,从指尖到大脑的奇妙变身

📍 小朋友遇到的问题

1. 知识浅表,渴求深度探究

虽然手机上的视频让可乐对太空产生浓厚的兴趣,就像打开了一扇通向神奇宇宙的小窗,但看到的只是冰山一角。他知道航天员在太空行走,却不知道宇航服里藏着哪些高科技;他为空间站的巨大感到惊叹,却不知道它是怎么建造的,就像看到美味的蛋糕却不知道怎么做出来的一样。这些零零碎碎的知识,就像小饼干一样,根本无法满足他越来越大的好奇心!

2. 信息碎片化,缺乏系统认知

手机上的信息就像一大堆五颜六色的积木,散落一地,虽然好玩,却拼不出完整的图案。可乐在信息的海洋里"游来游去",却抓不住重点,感觉就像掉进了迷宫,找不到出口。他渴望了解更多的太空知识,却不知道从哪里开始,就像想盖一座高楼,却不知道先打地基一样。他需要一把"钥匙",帮他打开系统学习的大门,而不是被手机里碎片化的信息牵着鼻子走。

趣味心理测评:你的孩子对现实科学知多少?

快来让孩子挑战这份超有趣的现实科学知识测评吧,看看他是否是善于洞察生活、挖掘奥秘的小行家。

科学范畴	具体表征	知晓程度打分(1~10分)
天文科学	能识别几个常见星座,了解月相变化规律及其成因。	
地理科学	了解家乡的地质地貌特征,明白地震、火山爆发的原理。	

续表

科学范畴	具体表征	知晓程度打分（1~10分）
生物科学	清楚身边常见昆虫的生活习性，知晓植物光合作用的基本过程。	
材料科学	能说出几种日常材料的特性，如塑料的优缺点。	

结果分析：

4~10分：孩子，目前你对现实科学知识的了解还比较少呢。不过别担心，这正是你探索科学世界的好机会！你可以从自己感兴趣的科学领域入手，比如喜欢看星星，那就多去了解天文知识；要是对身边的小虫子好奇，就深入研究生物科学。

11~25分：孩子，你已经有了一定的科学知识储备啦！你还可以试着去参加一些科学小实验活动，或者和小伙伴们一起讨论科学问题，这样能让你学到更多知识，也会让学习科学变得更有趣。继续加油，你会成为更厉害的科学小达人！

26~40分：孩子，你太厉害了！请继续保持对科学的热爱，尝试自己设计一些小实验，探索更多未知的科学领域。同时，也可以把你学到的科学知识分享给身边的人，让大家都感受到科学的魅力。相信在科学的道路上，你会越走越远，发现更多的精彩！

问题分析站：科学征途的"拦路虎"

1. 科学，不止于手机屏幕！

手机里有趣的科学视频有很多，可是，隔着屏幕看科学，体验不到科

学的魅力。这就像你对着手机屏幕上的蛋糕流口水,却吃不到真正的蛋糕一样,不过瘾!真正的科学,比手机里看到的精彩多了!小区花园里小鸟叽叽喳喳,小虫爬来爬去,这才是鲜活的科学呀!

2. 科学,要动手玩起来才过瘾!

可乐知道鸟儿有翅膀可以飞,可是他从来没有自己做过纸飞机;他知道声音是由振动产生的,可是他从来没有自己做过小乐器。科学可不是仅靠用眼睛看、用耳朵听就能理解的,还要动手做实验。就像学骑自行车,只看书是学不会的,要自己骑上去试一试才行!

1. 从手机出发,激发兴趣

家长可以以手机为切入点,向孩子讲解通信技术、互联网技术等基础知识,激发他对科技的兴趣。

> **例如** 引导孩子意识到手机只是科技的一部分,现实世界中还有更多值得探索的奥秘。

2. 参观科技馆和博物馆

让孩子亲身体验科技的魅力。通过这些活动,孩子会发现现实世界比手机里的虚拟世界更加精彩。

> **例如** 带孩子参观科技馆、博物馆,或者参与科技展览等。

3. 动手实践,培养探索精神

鼓励孩子动手做一些简单的科学实验,这些实践活动不仅能减少孩子对手机的依赖,还能激发他的创造力。

> **例如** 和孩子一起制作简易电话、组装机器人等,培养他的动手能力和探索精神。

4. 关注科技新闻,了解国家成就

和孩子一起关注科技新闻,通过真实的案例,孩子会意识到科技的力量,并逐渐放下手机,去探索更广阔的世界。

> **例如** 陪孩子一起了解航天工程、高铁技术等,让他知道这些科技是如何改变我们的生活的。

第六章
激活多元智能，从指尖到大脑的奇妙变身

欢乐亲子创意工坊

1. 变身小小自然侦探

想不想像福尔摩斯一样，在大自然里探秘？和爸爸妈妈一起走进神奇的山林、田野，开始你的"自然科考"吧！出发前，先定个小目标。

比如：找到传说中的四叶草，观察小鸟是怎么盖房子的。回家后，别忘了把发现写进"自然科考日记"里，配上美美的照片，让科考成果闪闪发光！想想看，是不是超有成就感？

2. 谁是科学小达人？

每两周举办一场家庭科技挑战赛！每次都有不同的主题。

比如：鸡蛋撞地球大作战：如何用有限的材料，让鸡蛋从高处落下却完好无损？开动脑筋，运用缓冲原理保护你的鸡蛋吧！

神奇的水果电池：你知道水果也能发电吗？让我们一起动手制作水果电池，探索电的奥秘！

造一座纸桥：只用纸，你能造出一座能承受一定重量的桥吗？试试看，挑战你的工程设计能力！

重塑记忆力量：挣脱手机"枷锁"

故事回顾：小糯米的"记忆危机"

小糯米的记忆力十分好，背诵古诗词、记住英文单词对他来说就像一场轻松的游戏。可是自从家里来了个"新成员"——一部智能手机，小糯米的生活就悄悄发生了变化。他最近变得超级"迷糊"！

上周学校老师布置了课文要背诵，小糯米对着课本抓耳挠腮，像个小猴子一样，背了半天还是磕磕绊绊的，像个爬坡的小火车，吭哧吭哧的。更"精彩"的还在后面呢！妈妈让他去超市买酱油和醋，结果他只买回了

咦，这段我刚才背过了吗？怎么一点儿印象都没有了？

酱油，醋呢？他居然忘得一干二净！

📍 小朋友遇到的问题：

1. 记忆力的"房间"被占满啦

大脑里有一个专门用来存放记忆的房间，记住的东西，就像一本本重要的书，需要放到这个房间里好好保存。可是，如果成天抱着手机玩游戏、刷视频，就像往房间里塞满了各种各样的玩具、零食和杂物。房间越来越挤，最后连放书的地方都没有了！新学的知识就像新买的书，根本没地方放，自然也就记不住啦！小糯米就是这样，他把太多时间花在手机上，大脑里装满了游戏和视频，学习的内容就没地方放了，所以总是忘事。

2. 大脑也变"懒"了

手机上的游戏和视频就像"快餐"一样，看起来很诱人，玩起来也很轻松，不用动太多脑筋就能获得快乐。可是，长期吃"快餐"，你的大脑也会变"懒"。就像一个习惯了坐车的人，让他走路就会觉得很累。学习需要我们认真思考、分析理解，需要我们动脑筋。如果你的大脑习惯了手机上的"快餐式"娱乐，就不愿意再费力去思考学习的内容了。这样一来，知识就很难转化成长期记忆了。

趣味心理测评：你家孩子的记忆力好吗？

快来让孩子挑战这份超有趣的记忆力测评吧，看看他是不是拥有超强记忆力的小天才！

让孩子放下**手机**

测评项目	具体内容	记忆效果打分（1~10分）
数字记忆	快速观察一串随机数字，如379254816，一分钟后准确复述。	
图像记忆	仔细观看一幅复杂的图片，包含多种物体、人物和场景，三分钟后描述画面细节。	
文字记忆	阅读一篇200字左右的短文，十分钟后回答关于短文内容的问题。	
知识记忆	回忆本周学习的一个知识点，如数学公式、历史事件等，阐述其要点。	

结果分析：

4~10分：孩子，目前你的记忆力还有提升的空间哦。别灰心，记忆力是可以通过训练提高的。你可以每天花一点时间进行数字、图像或者文字的记忆练习，比如记几个电话号码，观察一幅画然后描述它。慢慢地，你会发现自己的记忆力在不断进步。

11~25分：孩子，你能够记住一些简单的数字、图像和文字的内容，这很棒。不过，你还可以继续努力，尝试一些更有挑战性的记忆任务。比如，记更长的数字串，阅读更复杂的文章。

26~40分：孩子，你简直就是记忆力小天才！继续保持这份优势，你可以尝试去挑战一些更高级的记忆挑战，比如背诵诗词、记忆历史年代等。同时，也可以把你的记忆方法分享给小伙伴们，让大家一起变得更聪明！

第六章
激活多元智能,从指尖到大脑的奇妙变身

问题分析站:影响记忆的"元凶"

1. 注意力分散,记忆"根基"动摇

当手机各种推送通知、新消息不断闪烁,游戏中的声光特效也频繁刺激感官,使孩子很难长时间专注于一件事情。而注意力是记忆的基础,如同搭建记忆大厦的基石,注意力不集中,知识就像风中的沙子,难以在大脑中沉淀堆积,记忆的"根基"变得不稳。

2. 睡眠不足,记忆"修复"受阻

睡眠对于记忆有着至关重要的作用,它就像一个"记忆加工厂",在睡眠过程中,大脑会对白天学习的内容进行整理、巩固,将短期记忆转化为长期记忆。小糯米长期睡眠不足,大脑得不到充分的休息和"修复",记忆的巩固过程被中断,新知识就像半成品,无法被完整地存储进记忆仓库。

3. 缺乏锻炼，记忆"活力"匮乏

研究表明，适当的运动可以促进血液循环，为大脑输送更多的氧气和营养物质，增强大脑的活力，从而提升记忆力。而玩手机久坐不动，大脑"供血"不足，就像一台缺乏保养的机器，运转效率低下，记忆功能也随之弱化。

第六章
激活多元智能，从指尖到大脑的奇妙变身

行动指南：如何改善孩子的记忆力？

1. 提供有趣的记忆训练活动

将记忆训练融入游戏中，让孩子在快乐中提升记忆力。

> **例如** 和孩子一起玩"我看到了什么"游戏，在散步或旅行时，让孩子观察周围的环境，然后回忆看到的物品，比如"我看到了一只红色的鸟""我看到了一辆蓝色的汽车"。

3. 学习科学的记忆方法

掌握一些科学的记忆方法，能帮助孩子更高效地记忆知识。

> **例如** 图像记忆法：将抽象的信息转化为生动具体的图像，例如将历史事件想象成一幅图画，更容易记住。
>
> 位置记忆法（记忆宫殿）：选择一个熟悉的场所，例如自己的家，将需要记忆的信息与场所中的特定位置联系起来。

4. 增加现实互动，体验生活点滴

丰富的现实生活体验有助于孩子的大脑发育和记忆力提升。

> **例如** 一起做饭可以锻炼孩子的动手能力和记忆力。户外运动可以增强他的体质，提高记忆力。

5. 保证充足的睡眠和均衡的营养

充足的睡眠和均衡的营养是孩子健康成长的基础，也是记忆力提升的关键。

> **例如** 确保孩子每天有8~10小时的睡眠时间。为孩子提供富含蛋白质、维生素和矿物质的食物，例如鱼、蛋、牛奶、蔬菜和水果。

1. 记忆挑战游戏

每周举办一次家庭记忆挑战游戏,设定不同的记忆主题,如水果超市(记忆各种水果的名称、形状、颜色)、动物王国(记忆动物的特征、生活习性、分布区域)等。游戏开始前,家长和孩子一起观察相关的图片、资料,然后进行限时记忆,最后相互提问,看谁记得又多又准。获胜者将获得一份小奖品,如一本精美的笔记本、一套彩色画笔等,通过游戏激发孩子的记忆兴趣,锻炼记忆能力。

2. 记忆思维导图绘制

当孩子学习一个新的知识模块,如历史朝代、植物分类等,家长可以引导孩子绘制思维导图。孩子在绘制过程中,需要回忆所学知识,将关键信息填充到各个分支上。通过这种方式,帮助孩子梳理知识脉络,加深记忆,同时让孩子学会利用思维导图这一工具提高记忆效率,将手机带来的碎片化记忆转化为系统、稳固的记忆网络。

第七章

成长导航,健康人际关系与生活平衡

趣教孩子小妙招，轻松搞定人际"小摩擦"

 故事回顾：手机引发的"小战争"

阳阳和朵朵是表兄妹，周末聚在姥姥家玩。大人们在客厅唠家常，俩孩子本来说好一起搭乐高，可没一会儿，阳阳被手机里的游戏吸引，自顾自玩了起来。朵朵凑过去想一起看，阳阳却把手机捂得紧紧的，还不耐烦地说："别碰，我正打关键局呢！"朵朵委屈极了，嘴巴一撇，眼眶泛红，眼看就要哭出来了，一场小冲突一触即发。

📍 小朋友遇到了什么问题？

1.缺乏分享意识

阳阳只顾自己玩手机游戏，当朵朵表示也想观看时，阳阳把手机捂得紧紧的，拒绝与朵朵分享，没有考虑到表妹的感受和需求，这不利于培养良好的人际关系，也会让表妹感到被冷落。

第七章
成长导航,健康人际关系与生活平衡

2. 社交冲突处理不当

阳阳的行为直接导致朵朵情绪低落,一场小冲突随之而来。面对即将产生的矛盾,阳阳没有缓和、协商,说明他缺乏处理社交冲突的能力,长此以往,可能影响他和小伙伴之间的关系。

趣味手机摩擦测评: 你家孩子会处理这类人际问题吗?

快来看看下面的信号表,测测孩子应对和手机有关的摩擦的能力吧!

问题信号	具体表现	能力打分(1~10分)
独占争抢型	拿着手机不愿分享,和小伙伴争抢玩手机的机会。	
赌气冷战型	因为没玩到手机,就不理人,生闷气。	
冲动哭闹型	被拒绝玩手机或者手机被抢走,立刻大哭大闹。	

结果分析:

3~10分:在面对与手机相关的摩擦时,孩子处理方式较为单一且情绪化。可能尚未掌握有效的人际沟通和情绪管理技巧,在处理此类问题时,往往以本能的、较为负面的方式应对,容易引发进一步的矛盾冲突,不利于良好人际关系的建立和自身情绪的健康发展。

11~20分:孩子已初步具备一定应对能力,但还不够成熟稳定。可能有时能尝试控制自己的情绪,不过在面对强烈的手机使用需求未被满足时,仍会出现上述某一种或几种类型的行为表现。在人际处理和情绪调节方面还有提升空间,需要进一步引导和锻炼。

21~30分：表明孩子在应对与手机有关的摩擦时，展现较强的人际处理能力和情绪管理能力。能够较为理性地看待此类问题，懂得与他人协商、分享，以平和的方式解决矛盾，不会轻易陷入独占、赌气或冲动哭闹等负面行为模式。

**问题分析站**：与手机相关的人际关系小摩擦的种类

1. 分享矛盾

几个小朋友凑在一起，只要有一个人拿着手机玩有趣的游戏或者看新奇视频，其他人往往也想参与。但拿着手机的孩子舍不得分享，矛盾就此产生。就像阳阳和朵朵，一方想共享快乐，另一方却担心被打扰，双方各有想法从而产生了争执。

2. 打扰冲突

有的孩子正在专心用手机看动画、学知识，另一个小伙伴却在旁边捣乱，不是乱点屏幕，就是大声叫嚷，玩手机的孩子觉得被打扰，生气发火，争吵也就来了。

3. 时间分歧

家长给孩子规定了玩手机时间，可到时间了，孩子还想接着玩，兄弟姐妹或者小伙伴在一旁催促，

第七章
成长导航，健康人际关系与生活平衡

一方守规矩，一方想耍赖，很容易就吵起来。

 **行动指南**：家长如何成为手机"维和员"

1. 制定规则

事先和孩子一起商量好手机使用规则，包括使用时长、分享规则等，打印出来贴在显眼处。有了清晰的规则，发生摩擦时，按规则行事，孩子更容易接受。

> **例如** 阳阳爸妈和他约定，每次玩手机20分钟，有小伙伴来要一起分享。每次时间到了，阳阳就会自觉停下。

2. 共情沟通法

当孩子因为手机起冲突，先分别和孩子聊聊，站在他们的角度表达理解，再引导他们换位思考。

> **例如** 朵朵妈妈把朵朵拉到一边说："妈妈知道阳阳不让你看，你特委屈，要是你正玩喜欢的游戏，被打断也不开心，咱们去和阳阳好好说。"阳阳听后，也冷静不少。

177

3. 转移注意力

发现孩子要为手机起争执,赶紧抛出更有趣的替代活动,把孩子注意力从手机上移开。

> **例如** 姥姥见阳阳和朵朵要吵起来,立刻说:"别争啦,咱们去院子里捉小蝴蝶,可好玩啦!"俩孩子眼睛一亮,扔下手机就跑向院子。

1.手机创意合拍秀

家长和孩子一起用手机拍创意短视频,从构思剧情、准备道具到视频剪辑,全程合作。过程中,孩子感受到乐趣,还懂得合作,减少争抢冲突。比如一家人拍古装穿越短剧,孩子负责挑服装,家长掌镜,拍完成就感满满,也不再为争手机不开心。

2.手机知识大闯关

准备一些和手机知识、文明使用有关的小问答,家长和孩子抢答。答对有小奖励,在欢乐氛围里,孩子学到手机使用礼仪,避免不必要的摩擦。比如问"手机看多久要休息眼睛",孩子抢答对了,奖励一张卡通贴纸,积极性超高。

3.手机音乐派对

用手机播放欢快儿歌,家长和孩子一起跟着音乐唱歌跳舞、玩音乐游戏,把手机变成欢乐制造器,而非争吵导火索。

不沉迷虚拟世界，迈出家门拥抱多彩社交圈

 故事回顾：虚拟世界"小宅虫"变形记

小博以前是个特别活泼开朗的孩子，总是喜欢和小区里的小伙伴们一起玩耍，笑声洒满了整个院子。可自从迷上了手机游戏和短视频后，小博就像变了一个人似的，整天窝在家里不出门。有一次，小伙伴们来叫小博一起去公园玩，小博却头也不抬地说："我不去，我在玩游戏呢，你们去吧。"就这样，小博错过了一次又一次和小伙伴们玩耍的机会，变得越来越孤单。

📍 小博遇到了什么问题呢?

1. 社交能力退化

小博长时间沉迷于虚拟世界,减少了与现实中小伙伴的互动和交流。这会使得他在与人交往时变得越来越害羞和内向,不知道该如何主动与他人打招呼、聊天,甚至在集体活动中也总是默默地躲在角落里,不敢参与。长此以往,他的社交能力逐渐退化,难以建立和维持良好的人际关系。

2. 心理依赖

小博对手机产生了过度的心理依赖,觉得只有在虚拟世界中才能获得快乐和满足感。一旦离开手机,他就会变得焦虑、烦躁,不知道该做些什么。这种心理依赖不仅影响了他的情绪状态,还可能对他的心理健康产生负面影响,如导致抑郁、孤独等情绪问题。

趣味心理测评:你家孩子有这些"社交小危机"吗?

如果孩子过于沉迷虚拟世界、长期窝在家里,一些潜在的"社交小危机"说不定就悄悄冒头啦!想知道孩子有没有这些情况?快来按照下面这份测评,给孩子的社交健康打个分吧!

社交障碍隐患症状	具体表现	程度打分(1~10分)
社交退缩	不愿参加集体活动、拒绝与他人交流、总是一个人待着。	
情绪波动	离开手机后易焦虑、烦躁、情绪低落,对其他事情缺乏兴趣。	

第七章 成长导航，健康人际关系与生活平衡

续表

社交障碍隐患症状	具体表现	程度打分（1~10 分）
沟通障碍	与他人交流时表达不清晰、不敢直视对方、回答问题简短。	

结果分析：

3~10 分：您家宝贝可能存在轻度的社交危机，离开手机后可能会有短暂的情绪变化，或者是与他人交流时稍微表达不够清晰或不太敢直视对方。这种情况下，家长可以适当引导孩子增加现实社交活动，减少对手机的依赖，逐步提升孩子的社交能力。

11~20 分：说明宝贝的社交问题较为明显。频繁出现社交退缩行为，经常拒绝参与集体活动、回避与他人交流。家长需要高度重视，积极引导孩子走出虚拟世界，增加户外活动和社交实践，必要时可寻求专业心理咨询师的帮助。

21~30 分：表明宝贝面临严重的社交危机。宝贝极度沉迷虚拟世界，完全拒绝参与集体活动，拒绝与他人交流，这种情况需要立即采取行动，除了家长的陪伴与引导，还需寻求专业心理医生的介入，帮助孩子尽快恢复正常的社交能力，建立健康的社交关系。

问题分析站：社交能力受限的信号

1. 社交恐惧

孩子在需要与陌生人或不太熟悉的人交往时，会表现出明显的恐惧和紧张。比如在参加生日聚会或其他社交活动时，总是紧紧地拉着家长的手，不敢主动与其他小朋友一起玩耍，甚至会因为害怕而哭泣。在学校里，也

不敢主动回答问题或参加小组讨论,总是担心自己会出错或被别人嘲笑。

2. 兴趣单一

孩子沉迷于虚拟世界后,对其他事物的兴趣逐渐减少。以前喜欢的画画、阅读、运动等活动都不再感兴趣,只想着玩手机。在日常生活中,也总是无精打采,对周围的事情漠不关心,缺乏好奇心和探索欲。

3. 自信缺失

由于在虚拟世界中,孩子可能会获得一些虚假的成就感和满足感,而在现实生活中,他可能会遇到一些挫折和困难,如学习成绩不理想、与小伙伴发生矛盾等。当他无法在现实中获得同样的满足感时,就会对自己产生怀疑和不满,导致自信心下降。在与他人交

往中，也会表现得胆小怯懦，不敢表达自己的想法和意见。

1. 组织聚会活动

家长可以定期组织一些聚会活动，如野餐、爬山、郊游等，邀请亲朋好友带着孩子一起参加。在聚会中，孩子可以亲近大自然，放松身心，同时也有更多的机会与小伙伴们互动和交流，提高社交能力。

> **例如** 周末，爸爸组织了一次爬山活动，邀请了小博的几个好朋友一起。在爬山的过程中，小博和小伙伴们互相帮助、互相鼓励，玩得特别开心，还结交了新朋友。

2. 分享社交技巧

教孩子基本社交礼仪。教导孩子主动打招呼、微笑、使用礼貌用语，如"你好""谢谢""对不起"等，让孩子给人留下友好、懂礼貌的印象。

> **例如** 告诉孩子在与他人交流时，要认真倾听对方的话，看着对方的眼睛，理解对方的意思，然后再表达自己的想法和感受，不要打断别人说话。

3. 鼓励兴趣培养

帮助孩子发现和培养新的兴趣爱好，如音乐、舞蹈、绘画、体育等。当孩子在自己感兴趣的领域中取得进步和成就时，会获得真正的自信和满足感，从而减少对虚拟世界的依赖。同时，在兴趣班或社团活动中，孩子也可以结识更多志同道合的朋友。

> **例如** 妈妈发现小博对绘画很感兴趣，就给他报了一个绘画班。

在绘画班中,小博不仅学到了绘画技巧,还认识了很多喜欢画画的小朋友,变得越来越开朗自信了。

1. 社交达人挑战赛

家长和孩子一起参加社交达人挑战赛,设定一些有趣的社交任务,如主动与陌生人打招呼、邀请邻居小朋友来家里做客、在超市帮助他人等。完成任务后,可以给予孩子一定的奖励,如小贴纸、小徽章等。通过这种方式,让孩子逐渐克服社交恐惧,提高社交能力。

2. 兴趣展示会

定期举办家庭兴趣展示会,让孩子展示自己在兴趣爱好方面的成果,如绘画作品、舞蹈表演、手工制作等。同时,也邀请亲朋好友来观看,让孩子感受到大家的认可和鼓励,增强自信心。在展示会中,孩子还可以与其他小朋友交流兴趣爱好,结交新朋友。

3. 亲子志愿者活动

家长和孩子一起参加亲子志愿者活动,如社区环保活动、养老院慰问活动等。在活动中,孩子可以学会关爱他人、帮助他人,培养社会责任感。同时,也能结识不同年龄段的志愿者朋友,拓宽社交圈子。

理性消费不攀比，手机游戏充值要节制

 故事回顾：游戏世界的"小财迷"

奇奇最近让爸爸妈妈头疼不已，他就像被手机游戏里的虚拟货币施了魔法一样。以前，奇奇总是开开心心地和小伙伴们在户外玩耍，笑声清脆响亮。可现在，他一有空就捧着手机玩游戏，而且还在游戏里疯狂充钱。有一次，奇奇偷偷用妈妈的手机给游戏充了好几百块钱，买了各种虚拟的皮肤和道具，就是为了在游戏中和其他小朋友攀比，看谁的装备更酷炫。

奇奇，你在干什么呀？怎么用妈妈的手机付款？

哎呀，爸爸，我给游戏充了点儿钱，买了些好东西，这样我在游戏里就更厉害了。

📍 小朋友遇到了什么问题？

1. 消费观念扭曲

奇奇为了在游戏中和他人攀比，偷偷用妈妈的手机给游戏充好几百块

钱，购买虚拟皮肤与道具，他没有意识到金钱的实际价值，不会权衡真实消费与虚拟物品之间的关系，形成了不健康的消费观念，对家庭财产也缺乏尊重。

2.攀比心理作祟

购买虚拟物品单纯是为了比其他小朋友的装备更酷炫，这种攀比心理不仅加重了家庭的经济负担，还容易让奇奇过度聚焦于表面的输赢、物质的比较，不利于他树立正确的价值观，忽视了游戏本身的趣味性和正向体验。

趣味心理测评：你家孩子有这些消费问题吗？

想知道你家孩子在手机游戏消费方面有没有不理性的行为，快来对照一下下面的信号表吧！

消费隐患症状	具体表现	程度打分（1~10分）
过度消费	频繁在游戏中充值，金额较大，超出家庭经济承受能力或正常娱乐消费范围。	
盲目攀比	为了在游戏中比其他玩家更厉害、更有面子而充值购买虚拟物品，不考虑实际需求和价值。	
隐瞒消费	偷偷用家长的手机或自己的零花钱给游戏充值，事后不敢告诉家长。	

结果分析：

3~10分：孩子在手机游戏消费方面存在一定程度的不理性行为。可能偶尔会出现过度消费、盲目攀比或隐瞒消费的情况，家长可以适当关注孩子的游戏行为，与孩子进行温和沟通，让孩子了解家庭经济

第七章 成长导航,健康人际关系与生活平衡

状况以及合理娱乐消费的范围,引导其树立正确的消费观念。

11~20分:孩子在游戏消费上的不理性行为较为明显。频繁地过度消费、因盲目攀比而进行较多充值,或者经常隐瞒消费行为,这表明孩子可能缺乏正确的消费认知和自控能力。家长需要重视起来,加强对孩子游戏消费的监管,与孩子一起制定游戏消费规则。

21~30分:孩子在手机游戏消费上已出现严重的不理性问题。过度消费超出家庭经济承受能力,盲目攀比心理严重,隐瞒消费行为频繁且程度深。家长应立即采取措施,如限制孩子游戏时间与消费渠道,与孩子进行深入的沟通交流,必要时寻求专业心理咨询帮助,引导孩子回归理性消费。

问题分析站:不理性游戏消费的危害

1. 家庭经济压力

孩子在游戏中过度充值,会给家庭带来经济负担。特别是对于一些普通家庭来说,可能会影响家庭的正常生活开销,如购买生活用品、支付水电费等。而且如果孩子养成这种不理性消费的习惯,长大后可能也难以管理好自己的财务,导致经济上出现困境。

2. 价值观扭曲

孩子为了在游戏中攀比而盲目充值,会逐渐形成错误的价值观。他会认为,只有拥有更

这孩子,怎么在游戏里充了这么多钱呀,这个月的开销又要超支了。

是啊,得好好管管他了。

多的虚拟物品和更高的游戏等级，才能获得别人的认可和尊重，而忽略了自身的努力和真实的品质。这种价值观的扭曲可能会影响他在现实生活中的人际关系和自我认知。

3. 心理依赖

孩子在游戏中不断充值获得满足感后，可能会对这种行为产生心理依赖。他会觉得只有通过充值才能在游戏中获得快乐和成就感，从而陷入一个恶性循环，越来越沉迷于游戏和不理性消费，甚至可能影响到他的学习和身心健康。

行动指南：家长如何成为理性消费顾问

1. 设定消费限额

家长要根据家庭经济情况和孩子的实际需求，给孩子设定每月或每周的游戏消费限额。可以和孩子一起商量，使他理解家庭的经济状况及合理消费的重要性。同时，家长要密切关注孩子的消费情况，及时发现并制止超出限额的消费行为。

> **例如** 爸爸和奇奇约定，每周给他20元的游戏消费额度，让他自己合理安排。如果超出限额，下个月就会减少额度。

2. 树立正确价值观

家长要通过言传身教和日常的教育活动，引导孩子树立正确的价值观。告诉孩子虚拟物品并不能代表真实的价值和成就，真正的友谊和尊重是通过自己的努力和良好的品德获得的。可以和孩子一起讨论一些关于消费和价值观的故事或案例，让他自己思考和判断。

> **例如** 妈妈给奇奇讲了一个故事，故事里的小朋友因为在游戏中盲目攀比而失去了真正的朋友，奇奇听后深受启发。

3. 培养理财意识

家长可以通过一些简单的方法培养孩子的理财意识，如给孩子开设一个储蓄账户，让他把零花钱存起来，学会合理规划和管理自己的钱财。还可以和孩子一起玩一些理财游戏，如模拟购物、投资等，让他在游戏中体验理财的乐趣和重要性。

> **例如** 爸爸和奇奇一起玩了一个"大富翁"游戏，在游戏中教

奇奇如何合理投资和管理资产,奇奇玩得很开心,也学到了很多理财知识。

1. 消费知识大闯关

家长和孩子一起进行消费知识问答游戏。准备一些关于理性消费、理财知识、游戏充值风险等方面的问题卡片,家长和孩子轮流回答,看谁回答得又快又准。通过这种方式,让孩子学习到更多的消费知识,同时也能增加亲子间的互动。

2. 自制游戏道具坊

家长和孩子一起动手制作游戏道具,代替在游戏中购买虚拟道具。比如,一起制作纸飞机、弹弓、拼图等,然后用这些自制的道具进行游戏比赛。在这个过程中,让孩子体验到通过自己的努力和创造力获得乐趣的感觉,降低对手机游戏虚拟道具的依赖。

3. 家庭理财小能手

开展家庭理财活动,让孩子参与到家庭的日常财务管理中来。比如,让孩子帮忙记录家庭的收支情况,一起制订家庭预算计划等。通过这种方式,让孩子了解家庭的经济状况和理财的重要性,培养他的责任感和理财能力。

应对压力，通过非电子方式放松心情

 故事回顾：压力小怪兽"大逃亡"

悦悦最近让爸爸妈妈很是心疼，她像被压力困住了一样。以前，悦悦总是开开心心地在房间里画画，脸上洋溢着幸福的笑容，像一朵盛开的花朵。可现在，她常常因为作业和考试压力而愁眉苦脸，一有空闲就拿起手机，似乎想从手机中寻找解脱。有一次家庭晚餐，大家都在愉快地分享着一天的趣事，悦悦却坐在餐桌旁玩手机。没过多久，悦悦就开始唉声叹气、无精打采。

📍小朋友遇到了什么问题？

1. 应对压力方式不当

悦悦面对作业与考试带来的压力，没有选择积极健康的放松途径，而是一有空就拿起手机，过度依赖电子设备来逃避现实压力，长此以往，不仅无法真正缓解焦虑，还可能陷入更深的消极情绪循环。

2. 情绪调节能力不足

即便拿起手机，悦悦依旧唉声叹气、无精打采，说明靠玩手机并没有让她的负面情绪得到改善，反映出她缺乏有效的情绪调节手段，没办法主动驱散压力带来的愁绪，陷入消极情绪的泥沼难以自拔。

趣味压力测评：你家孩子有这些压力隐患吗？

想知道压力有没有影响到孩子的心情，快来对照一下下面的信号表吧！

依赖手机缓解压力的表现	具体表现	程度打分（1~10分）
依赖手机逃避现实	遇到压力或不愉快的事情时，通过玩手机来逃避现实中的问题，而不是积极面对。例如，考试成绩不理想、和朋友吵架后，就一直沉浸在手机游戏或视频中，不想思考和解决问题。	
睡眠受影响	因为有心事，就通过玩手机消耗时间，导致入睡困难、睡眠中断或睡眠质量下降，但仍然难以控制自己玩手机的行为。	

第七章 成长导航，健康人际关系与生活平衡

续表

依赖手机缓解压力的表现	具体表现	程度打分（1~10分）
情绪低落	经常叹气、愁眉苦脸、对喜欢的事情也提不起兴趣，只是呆呆地看着手机。	

结果分析：

3~10分：表明孩子在通过手机依赖来缓解压力方面情况较轻。偶尔出现依赖手机逃避现实、影响睡眠或情绪低落的情况，可能只是一时的情绪波动或外界因素影响，孩子整体应对压力的方式较为积极健康，仍具备主动面对问题和自我调节的能力。

11~20分：孩子已出现较为明显的通过依赖手机来缓解压力的倾向，睡眠也受到一定程度影响，情绪上也有低落表现。这意味着孩子在应对压力方面开始出现问题，需要引起家长关注，引导孩子寻找更积极有效的压力应对方式。

21~30分：说明孩子过度依赖手机来缓解压力，问题较为严重。频繁地借助手机逃避现实问题，睡眠质量严重下降，情绪持续低落，已对孩子的正常生活和心理健康产生较大影响。家长必须高度重视，及时采取有效措施，帮助孩子摆脱对手机的过度依赖，重建健康的压力应对模式和生活方式。

问题分析站：压力影响的信号

1. 情绪压抑

孩子在面对压力一段时间后，会出现情绪低落的情况，比如对周围的事物都不感兴趣，不愿意和家人朋友交流。在玩耍时也没有以前那么开

心，总是默默地一个人待着，而且容易发脾气，情绪波动较大。

2. 睡眠紊乱

有些孩子在压力大时，会出现睡眠问题。晚上躺在床上翻来覆去睡不着，脑子里总是想着一些烦心事。即使睡着了，也会做很多梦，睡眠质量很差，早上起来精神萎靡不振。

3. 食欲减退

孩子压力大时，可能会出现食欲不振的情况。吃饭的时候总是挑挑拣拣，对平时喜欢的食物也没有兴趣，食量明显减少，身体也可能逐渐变得虚弱。

第七章
成长导航,健康人际关系与生活平衡

 **行动指南**:家长如何成为压力驱散"大侠"

1. 趣味园艺体验

家长可以带着孩子开辟一个小小的家庭花园或者阳台菜园。一起挖土、播种、浇水、施肥,看着种子从发芽到开花结果,这个过程充满了期待与惊喜。

> **例如** 种上几株向日葵,孩子每天清晨给它浇水,见证幼苗一点点长高、冒出花苞,最终绽放出金黄灿烂的花朵,成就感会驱散压力,注意力也从烦恼的事上转移开了。照料植物时,孩子还能亲近自然,感受泥土的气息与阳光的温度,身心得到舒缓。

2. 传统手工技艺传承

教孩子一些传统手工,像编织、剪纸、制作中国结。专注于手工细节,能让孩子静下心,享受慢节奏创作带来的宁静,压力也悄然溜走。

> **例如** 拿编织来说,从最基础的平针学起,毛线在手指间穿梭,逐渐织成一块小巧的杯垫。剪纸时,孩子手握剪刀,小心翼翼沿着线条裁剪,将彩纸变幻成栩栩如生的小动物、花朵。这些活动都能帮助孩子舒缓压力。

195

3. 鼓励户外活动

家长要鼓励孩子多参加户外活动，让孩子亲近大自然，呼吸新鲜空气，释放压力。可以带孩子去公园散步、骑自行车、放风筝等，让孩子在运动中放松身心。

例如 周末，爸爸带悦悦去公园骑自行车。悦悦在公园里尽情地玩耍，脸上露出了久违的笑容。爸爸还和悦悦一起比赛骑自行车，让悦悦感受到了运动的快乐。

欢乐亲子创意工坊

1. 快乐冥想时光

家长和孩子一起进行冥想练习时，找一个安静舒适的地方，让孩子闭上眼睛，放松身体，专注于呼吸和内心的感受。家长可以在旁边引导孩子，帮助孩子放松身心，减轻压力。

2. 创意绘画天地

家长和孩子一起进行绘画创作，让孩子自由发挥，画出自己心中的想法和感受。在绘画的过程中，孩子可以释放自己的情绪，放松心情。家长可以和孩子一起分享绘画的故事，增加亲子间的沟通和理解。

3. 温馨故事之夜

家长和孩子一起躺在床上，讲一些温馨有趣的故事。可以是家长自己编的故事，也可以是从书上看来的故事。在讲故事的过程中，孩子可以放松心情，进入甜美的梦乡。

自我激励，设定目标并为之努力

 故事回顾：梦想小战士的"手机诱惑战"

布丁是个充满梦想的小男孩，他的梦想是成为一名优秀的航天员，探索浩瀚宇宙。可是最近，他也像被手机施了魔法一样，整天沉迷其中。以前，布丁总是积极地参加各种航天科普活动，还会认真阅读太空知识书籍，眼睛里闪烁着对未来的憧憬。但现在，他常常一拿起手机就放不下，玩游戏、看视频，时间不知不觉就过去了。有一次，学校组织了一场航天知识竞赛，布丁因为玩手机而没有好好准备，在比赛中表现得不理想，他非常沮丧。

📍 小朋友遇到了什么问题?

1. 目标意识淡薄

布丁怀揣着成为航天员的梦想,本应围绕这个目标积极积累知识、锻炼能力,然而他近期沉迷手机,将大量时间耗费在游戏、看视频上,忽视了与梦想相关的学习活动,说明他当下缺乏对既定目标的清晰认知与执着坚守。

2. 缺乏自我激励与行动

遭遇航天知识竞赛失利这一挫折后,布丁只是陷入沮丧情绪,并没有快速振作起来,展现主动调整状态、自我激励,再次朝着目标奋进的决心与行动,说明他在面对困难与挫折时,缺乏激发内在动力、督促自己前行的能力。

 趣味心理测评:你的孩子离目标的距离有多远?

想知道玩手机这件事有没有悄悄把你的孩子拉离梦想航线吗?快对照下面的信号表,让孩子给自己打打分吧!

手机对目标实现的影响	具体表现	程度打分(1~10分)
目标模糊	时常忘记自己原本定下的小目标,像要学会画10种小动物、或是一周读完一本有趣的科普书,脑海里只剩下手机游戏的新关卡、热门短视频剧情。过去清晰的目标,现在已经模模糊糊,甚至毫无印象。	

第七章
成长导航，健康人际关系与生活平衡

续表

手机对目标实现的影响	具体表现	程度打分（1~10分）
时间管理混乱	计划好去练习舞蹈、搭建积木模型提升动手能力，可一摸到手机，就把这些事无限期推后。本该活力满满开启的行动，却被手机"黏住"，迟迟无法迈出第一步，每次拖延都意味着离目标更远一步。	
学习动力削弱	之前为提升成绩、掌握新技能还劲头十足，有了手机后，一翻开课本、面对学习资料，就觉得索然无味，心里总惦记着手机，学习新知识的热情直线下降。	

结果分析：

3~10分：表明手机对孩子实现目标的影响相对较小。虽然偶尔可能会出现目标模糊、时间管理小混乱或学习动力稍有削弱的情况，但整体上孩子能较好地把控自己，维持朝着目标前进的节奏。

11~20分：说明手机已经在一定程度上阻碍了孩子向目标靠近。频繁出现目标模糊、时间管理混乱以及学习动力不足等问题，这意味着孩子需要重新审视自己使用手机的习惯和方式。尝试制定合理的手机使用计划，增强自我约束，才能逐步回归到实现目标的正轨上。

21~30分：表明手机严重影响了孩子对目标的追求。目标变得极为模糊，时间管理完全失控，学习动力近乎丧失，孩子已经偏离梦想航线较远。此时，家人必须立即采取强有力的措施，比如强制限制手机使用时间，以重新找回目标感，恢复到为实现目标积极行动的状态。

问题分析站：玩手机阻碍追梦的信号

1. 创意匮乏

过度玩手机，海量碎片化信息一股脑儿地涌入大脑，挤压了自主思考空间。如果一个爱画画的小朋友被网络的现成内容"喂饱"，失去静下心观察生活、发现独特视角的耐心，绘画创意越来越少，就无法达成他成为小画家的梦想了。

2. 专注缺失

手机各种通知、弹窗时刻撩拨注意力，孩子一旦习惯这种高频刺激，面对相对枯燥的学习、练习，比如解数学难题、弹奏钢琴音阶，就难以集中精力，不断走神，导致学习新技能和完成任务效率极低。

3. 毅力瓦解

能轻易从手机上获得乐趣，孩子面对需要长期投入、克服困难的目

标,像坚持舞蹈基本功训练、背诵古诗词,稍遇挫折就会躲进手机"舒适区",放弃努力,毅力防线被一点点腐蚀。

:家长怎样助力孩子重回正轨

1. 目标具象化陪伴

和孩子一起把大目标拆解成每日可见的小任务,比如想当足球小将,就定好每天颠球50下、练习盘带15分钟,家长陪着孩子把目标和小任务写在漂亮的卡片上,贴在显眼处,时刻提醒,让孩子玩手机时也能瞥见目标。

> **例如** 爸爸和孩子把"做出太阳能小风扇"目标细化,每天完成一个小零件组装,爸爸下班就陪孩子动手,减少手机诱惑。

2. 时间管理小妙招

用沙漏、闹钟帮孩子划分时间块,学习、练才艺时间一到,就把手机收进盒子里。完成任务后,给予适当玩手机放松的时间,让孩子学会自己分配时间。

例如 妈妈给可可买了个30分钟沙漏,学英语时段,沙漏漏完才准碰手机,可可慢慢养成了高效学习的习惯。

3. 榜样激励促行动

家长分享自己克服困难、达成目标的经历,像自学新软件、坚持健身,用亲身故事点燃孩子的斗志,让孩子明白少玩手机、努力付出才有收获。

例如 爸爸给孩子讲自己考职业资格证,卸载娱乐APP专心备考的过程,孩子大受鼓舞,也打算少玩手机攻克数学难题。

1. 梦想拼图大作战

家长和孩子一起把梦想画成拼图,比如想开书店,就画上书架、阅读角。每减少一次不必要的玩手机时间,就拼上一块,集齐拼图实现亲子小愿望,强化孩子远离手机、追逐梦想的动力。

2. 技能挑战擂台赛

设立家庭技能挑战项目,朗诵、跳绳、手工均可,赛前商定玩手机"禁令",专注备赛。比赛时互相切磋,获胜方获得亲子出游、心仪书籍等奖励,激励孩子提升技能、放下手机。

3. 梦想储蓄计划

准备一个梦想储蓄罐,孩子每成功抵抗一次过度玩手机的冲动,家长就投一枚硬币进去,攒够钱去买绘画工具、科技模型等助力梦想的好物,培养孩子自我管控意识。